# Recht und Individualität

von

Dr. Heinrich Henkel
Professor in Hamburg

Berlin 1958

Walter de Gruyter & Co.

vorm. G. J. Göschen'sche Verlagshandlung / J. Guttentag, Verlagsbuchhandlung / Georg Reimer / Karl J. Trübner / Veit & Comp.

Die vorliegende Arbeit enthält die erweiterte und mit Anmerkungen versehene Fassung eines Vortrages, den der Verfasser in der Gesellschaft Hamburger Juristen sowie bei Gastvorlesungen in Athen, Thessaloniki und Zagreb gehalten hat.

Archiv-Nr. 27 19 57
Satz und Druck: Berliner Buchdruckerei Union GmbH., Berlin SW 61

# Inhalt

# I.

Wenn wir das Recht in Beziehung zur Individualität bringen, stoßen wir von vornherein auf eine Schwierigkeit, die darin liegt, daß der Begriff des „Individuellen" uns nicht fest und eindeutig vorgegeben ist. Wie alle im Sprachgebrauch häufig – und damit oft auch gedankenlos – sowie in vielfältigen Zusammenhängen verwandten Ausdrücke ist er unbestimmt, schillernd, vieldeutig. Auch muß bedacht werden, daß ein Begriff, der bei sehr unterschiedlichen Betrachtungsarten eine Rolle spielt, je nach der besonderen Funktion, die er im Zusammenhang eines bestimmten Denkens erfüllen soll, einen unterschiedlichen Sinn erhält, so daß man, zum mindesten in der einzelwissenschaftlichen Ausprägung, mit einer Mehrheit von Definitionen zu rechnen hat. Immerhin haben doch die bisherigen Untersuchungen[1]) das Ergebnis erbracht, daß es in der begrifflichen Erfassung der „Individualität" einen gemeinsamen Ausgangspunkt gibt: Wir verstehen unter dem Individuellen einerseits – in quantitativer Hinsicht – das Einzelne, andererseits – in qualitativer Beziehung – das Einzigartige[2]). Da Einzigartiges nur dem Einzelnen eigen sein kann, setzt das qualitative Moment der Individualität die quantitative Begrenzung auf eine Einzelerscheinung voraus, während jedoch nicht ohne weiteres gesagt ist, daß jedem Einzelnen zugleich Einzigartigkeit zukomme. Doch wird sich auch dies bei näherem Zusehen ergeben. Zunächst aber ist hervorzuheben, daß sich die Eigenheit des Individuellen nur aus seinem Gegensatz erschließen läßt. Dieser Gegensatz besteht, soweit es sich um das quantitative Moment handelt, in der Mehrheit, die sich zur Vielheit steigern kann; soweit es um das qualitative Moment geht, in der artmäßigen Übereinstimmung, der Einheitlichkeit, die sich bei einer Vielzahl von Erscheinungen zur Allgemeinheit ausweiten kann.

Individualität ist also das Nicht-Allgemeine und Nicht-Einheitliche, das einer Einzelerscheinung eigene qualitative Merkmal, das sie von allen anderen Erscheinungen abhebt und unterscheidet, also die Vergleichbarkeit und Gleichsetzung mit ihnen ausschließt.

Wenn wir nun an einen Gegenstand der Erscheinungswelt, sei es ein körperlicher Gegenstand, sei es ein Lebensvorgang, mit einer ganzheitlichen Betrachtung herantreten, so werden wir bei Erfassung seiner vielfältigen Merkmale feststellen, daß er teilweise Qualitäten aufweist, die er mit

---

[1]) Vgl. dazu Engisch, Die Idee der Konkretisierung in Recht und Rechtswissenschaft unserer Zeit (1953), S. 10 ff. (mit reichhaltigen Literaturangaben); Haering, Über Individualität in Natur und Geisteswelt, 1926.

[2]) So auch Engisch, a. a. O., S. 14.

vielen anderen Erscheinungen gemeinsam hat, allgemeine Merkmale, teils andere Qualitäten, die übereinstimmend nur bei einer begrenzten Mehrzahl anderer Erscheinungen festzustellen sind und die wir etwa als besondere Merkmale bezeichnen können; schließlich aber auch solche Eigenschaften oder Merkmale, die, sei es allein oder in Verbindung mit anderen, nur diesem Gegenstand eigen sind, Qualitäten also, die den Gegenstand aus der Vielheit der Erscheinungen herausheben und ihm den Charakter des Einzigartigen verleihen.

Stellen wir uns, um ein anschauliches Beispiel zu haben, den Hühnerhund des Herrn X vor und versuchen wir, die bei ihm feststellbaren Merkmale herauszuarbeiten, so werden sich Merkmale sehr verschiedener Art ergeben: solche, die der Gegenstand unserer Betrachtung mit allen Lebewesen gemeinsam hat, Merkmale allgemeinster Art, andere, die er mit Tieren schlechthin, weitere, die er mit der Gattung der Wirbel- und Säugetiere in engerer Begrenzung, mit der Art der Hunde und der Spezies der Hühnerhunde teilt, Merkmale also bereits besonderer Art, schließlich aber auch solche körperlichen und psychischen Merkmale, die in der Vereinzelung nur gerade diesem Gegenstand, dem Hühnerhund des Herrn X, eigen sind und durch ihre Einzigartigkeit seine Individualität begründen. Es mag überraschend sein, ist aber durch die philosophischen Erörterungen zur Überzeugung dargetan, daß jeder Gegenstand und Vorgang der Erscheinungswelt, sei es durch dieses oder jenes Merkmal oder durch seine Beziehungen zur Umwelt, jene Einzigartigkeit besitzt, die ihn in einem – sei es auch noch so kleinen – Merkmalsbereich von allen anderen Gegenständen und Vorgängen der Erscheinungswelt abhebt und unterscheidet, ihn infolgedessen zur Individualität macht.

Wir pflegen allerdings zu sagen, ein Ei sei dem anderen gleich; aber diese Redensart zeigt uns, daß es dafür, ob und inwieweit wir die Individualität eines Gegenstandes in unseren Blickkreis hineinziehen, auf die Art der Betrachtung ankommt. Nur für den flüchtigen Beschauer einer Vielzahl von Eiern sind diese einander gleich, aber schon nicht mehr für den prüfenden Käufer, der jedes für ihn in Betracht kommende Ei nach Größe und Alter als Lebensmittel einschätzt, und schon gar nicht für den mit einem genauen Instrumentarium arbeitenden Naturwissenschaftler, der feststellt, daß jedes einzelne Ei sich von den anderen in dieser oder jener Hinsicht, durch Größe, Alter, Farbtönung, sonstige Eigentümlichkeiten der Schale und der inneren Substanz, unterscheidet, so daß es, auf die Gesamtheit seiner Merkmale gesehen, keinem der anderen völlig gleichzusetzen, sondern, wenn auch nur im engsten Ausmaß der Unterscheidung, einzigartig ist und demgemäß eine Individualität darstellt.

Dieses Beispiel lehrt uns, daß die Individualität eines Gegenstandes als die Gesamtheit seiner einzigartigen Merkmale nur bei einer wahrhaft ganzheitlichen Betrachtung, die den Gegenstand unter allen möglichen Blickpunkten zu erfassen und zu durchdringen sucht, in vollem Umfange zur Erscheinung gelangen kann. Nur auf dem Wege einer allumfassenden Betrachtung des Gegenstandes ist an diese „letzte" und vollkommene Individualität heranzukommen. Jede nicht ganzheitliche Betrachtung dagegen kann uns nur einen Teil der Individualität des Gegenstandes, eine relative Individualität, erbringen, wenn nicht die Art der Betrachtung es überhaupt verhindert, daß wir bis zu den einzigartigen Merkmalen des Gegenstandes vordringen.

Es ist für unsere Untersuchung wichtig hervorzuheben, daß jede Spezialbetrachtung, insbesondere auch jede einzelwissenschaftliche Behandlung eines Gegenstandes, von vornherein eine Begrenzung des Blickbereiches bewirkt, so daß die in Betracht gezogene Lebenserscheinung nicht mehr in der Totalität ihrer Merkmale, sondern nur noch in einem Ausschnitt wahrgenommen wird. Jede Wahrnehmung wird hier begrenzt, einerseits durch die besondere Zweckrichtung des Forschens, andererseits durch die spezielle Art der Wertung. Das unter beiden Gesichtspunkten Irrelevante an Merkmalen des ins Auge gefaßten Gegenstandes wird unbeachtet gelassen oder als unbeachtlich ausgeschaltet. Von jeder Lebenserscheinung, die in ihrer Gesamtheit eine unermeßliche Fülle von Merkmalen allgemeiner, besonderer und individueller Art enthält, sieht der Naturwissenschaftler, Mediziner, Techniker, Jurist usw. jeweils nur e i n e n Sektor, und zwar jeder von ihnen einen Sektor, der sich vielleicht teilweise, aber nie ganz mit demjenigen des anderen Forschers und Beurteilers deckt. An dem Hühnerhund des Herrn X z. B. interessieren den Zoologen nur die biologischen Merkmale. Im Grunde geht ihn, infolge seiner auf Klassifizierung abzielenden Forschungsrichtung, die Individualität dieses Tieres gar nichts an, es sei denn, daß eine biologische Abweichung vorliegt, die als bisher einzigartig erscheint. Hier zeigt sich dann, daß diese Individualität, eine relative, auf den biologischen Bereich begrenzte Individualität, aus den Ordnungskategorien der zoologischen Wissenschaft, den Klassifizierungsgruppen, heraustritt und als Einzelerscheinung betrachtet werden will. Die sonstige Individualität des Gegenstandes aber, die etwa in psychischen Eigenschaften des Tieres liegt, mag zwar den Tierpsychologen interessieren, wird aber von dem Zoologen entweder gar nicht wahrgenommen oder als unbeachtlich übergangen. – Nehmen wir als weiteres Beispiel einen Verkehrsunfall, bei dem infolge des Versagens einer Autobremse ein Passant angefahren und erheblich verletzt worden ist. Hier interessiert sich der zur Beurteilung herangezogene Techniker nur für diejenigen Zustände und Vorgänge, die auf das Versagen der Bremsen und die daraus sich ergebenden Auswirkungen technischer Art Bezug haben, wobei es durchaus sein kann, daß sich in diesem Beobachtungsbereich Merkmale, Umstände oder Beziehungen des Betrachtungsgegenstandes herausstellen, die der Techniker als nicht der Regel der Erfahrung entsprechend, als ungewöhnlich oder gar als einzigartig bezeichnet. Der zur Begutachtung herangezogene Mediziner seinerseits richtet sein Augenmerk auf einen anderen Teil des Gesamtvorganges, nämlich auf das Zustandekommen, die Art und die Auswirkung der Verletzungen am Körper des Passanten, wobei auch insoweit neben allgemeinen, typisch vorkommenden Erscheinungen gewisse individuelle, einzigartige Merkmale am Körper des Betroffenen, in seiner Reaktion auf die Verletzung sowie sonstige Eigenheiten des medizinisch relevanten Verlaufes gegeben sein können. Der Jurist schließlich, der den Fall im Hinblick auf die strafrechtliche Verantwortlichkeit des Fahrers, die öffentlich-rechtliche Frage seiner Verkehrszuverlässigkeit sowie die zivilrechtliche Schadenshaftung zu untersuchen und zu entscheiden hat, muß mit seinen Feststellungen und Erwägungen einen weiteren Bereich des Vorganges betrachten als der Techniker und der Mediziner, weil ihm die umfassendere Frage und Aufgabe gestellt ist. Sein Betrachtungssektor wird den technischen und den medizinischen „Sektor", wenn auch nicht ganz, so doch teilweise, mitumfassen, wobei es möglich ist, daß es für den Juristen gerade auch auf die technische oder medizinische Qualifizierung eines Merkmals oder Vorganges als eines „individuellen" ankommt, etwa im Hinblick darauf, ob der Ursachenzusammenhang, der zu dem Schadenseintritt geführt hat, als rechtlich relevant anzusehen ist oder nicht.

Damit ist – um nun das für unsere Themenstellung Entscheidende herauszustellen – folgendes gesagt: Ob und inwieweit bei der juristischen Betrachtung von Lebensfällen deren individuelle Merkmale, seien es nun die einzigartigen Eigenschaften der beteiligten Personen, seien es die einzigartigen Merkmale und Beziehungen der tatsächlichen Umstände, in das Blickfeld des Betrachters einzubeziehen sind, hängt von der dem Juristen gestellten Aufgabe ab. Sie ist es, die, wie auch bei allen anderen Betrachtungsarten, darüber entscheidet, ob es mit der Feststellung der allgemeinen, allenfalls einiger besonderer Merkmale des Gegenstandes getan ist, oder aber, ob man bis zu den höchst differenzierten, den Gegenstand aus der Vielheit und Allgemeinheit heraushebenden Eigenschaften und vielleicht sogar bis zu den einzigartigen Merkmalen und Umständen des Falles vorzudringen hat. Auf die in ihrer Gesamtheit unendliche Merkmalsfülle eines Lebensfalles einzugehen, ist dem Juristen weder möglich noch durch seine Aufgabe aufgegeben. Der an Einzelmerkmalen, Umständen und Beziehungen unerschöpflich reiche Lebensvorgang verliert im Blickkreis der juristischen Betrachtung, wie bei jeder nicht ganzheitlichen, sondern spezialisierten Betrachtung, seine Merkmalsfülle und Vielgestaltigkeit; er wird merkmalsärmer, sozusagen zurechtgestutzt, stilisiert, auf diejenigen Merkmale zurückgeführt, die für die besondere Betrachtung relevant sind, während alle anderen Merkmale als irrelevant ausscheiden[3]). Auf diese Weise, durch ein

---

[3]) Vgl. C o i n g, Rechtsphilosophie, S. 47/48; T h i e r f e l d e r, Normativ und Wert (1934): Der Sachverhalt wird „herausgeschnitten aus der Fülle der Gegebenheiten und das Messer, das die Umrißlinien zieht, führt der Wert" (S. 33). „Der Wert bestimmt, was von der Gesamtwirklichkeit zu ihm als Substrat gehört" (S. 34). Allerdings ist ergänzend zu sagen, daß für die Auswahl aus den Gesamtmerkmalen des Falles nicht nur die juristische Wertbetrachtung, sondern auch die durch die Aufgabe gesetzte Zweckrichtung des rechtlichen Denkens mitbestimmend ist.

Zusammenziehen der für die spezielle Betrachtung und Aufgabenbewältigung erheblichen Tatsachenelemente und durch Weglassen des unerheblichen Merkmalsbestandes, rückt der Jurist sich seinen „Sachverhalt“ zurecht, der nichts anderes darstellt als das aus der unendlichen Merkmalsfülle eines Lebensvorganges gewonnene, verhältnismäßig merkmalsarme Substrat der rechtlichen Beurteilung. Immerhin wird in diesen Sachverhalt neben den allgemeinen und besonderen Merkmalen des Falles auch ein Teil seiner Individualität in dem bezeichneten Sinne mit eingehen.

Es wird dies in verhältnismäßig weitem Umfang dort notwendig sein, wo der Beweis der bestrittenen oder zunächst unklaren Tatsachen ein näheres Eingehen auf die Einzelmerkmale und -umstände des Falles erforderlich macht. So kann insbesondere das Leugnen des tatverdächtigen Angeklagten die Strafrechtspflegeorgane dazu veranlassen, bei diesem oder jenem Nachweis bis in den Bereich ganz individueller Eigenschaften oder Verhaltensweisen von Personen und ganz individueller Umstände und Beziehungen des Tatkomplexes einzudringen. Doch soll dies hier nicht weiterverfolgt werden, weil es uns auf eine andere Fragestellung ankommt: wie die rechtliche Regelung und Beurteilung eines als festgestellt angenommenen Lebenssachverhaltes sich zu dessen Individualität verhält. Damit ist unser Thema hinreichend präzisiert: ob und inwieweit das Recht bei der ihm gestellten Aufgabe die Individualität des Falles, der beteiligten Personen und der gegebenen tatsächlichen Umstände, berücksichtigen darf oder nicht. Wenn dies geschieht, so liegt darin beschlossen, daß die Beurteilung sich nicht oder nicht ausschließlich nach einer Rechtsnorm vollzieht, denn der Rechtsnorm als Verhaltensregel und -maßstab ist es wesenseigentümlich, daß sie Lebensvorgänge und Verhaltensweisen generalisierend zusammenfaßt, die für die rechtliche Beurteilung gleichwertig oder vergleichbar sind und infolgedessen gleichbehandelt werden können[4]). Dies kommt aber nur bei Erscheinungen in Betracht, die übereinstimmende Merkmale allgemeiner oder allenfalls besonderer, immerhin noch vergleichbarer Art aufweisen. Da aber die Individualität als das Einzigartige des einzelnen Gegenstandes sich der Vergleichbarkeit und Gleichstellung mit anderen Gegenständen entzieht, muß sie sich zwangsläufig auch der Erfassung durch eine Rechtsnorm entziehen. Wenn das Recht die Individualität des Falles berücksichtigt, so kommt darin zum Ausdruck, daß es dem Einzigartigen, das heißt: dem Bestand an unvergleichbaren und nichtverallgemeinerungsfähigen Merkmalen des Lebensfalles, eine solche Bedeutung beimißt, daß die rechtliche Beurteilung nicht nach einer (generellen) Norm, sondern nur aus der Erfassung der

---

[4]) Damit wird für den Begriff der Rechtsnorm die Allgemeinheit des Regelungsgegenstandes und des Regelungsinhaltes vorausgesetzt und der in der Literatur mehrfach angewandte Begriff der „individuellen Rechtsnorm“ abgelehnt. Vgl. dazu Engisch, Konkretisierung, S. 186, der hier nur eine terminologische Frage annimmt. Doch wird es zum mindesten zu größerer Klarheit führen, wenn man — auch begrifflich — der abstrakt-allgemeinen Norm die konkrete, auf den Einzelfall bezogene Entscheidung oder Maßnahme gegenüberstellt.

Einzigartigkeit des Falles heraus geschehen kann. Doch fragt es sich zunächst ganz grundsätzlich, ob das Wesen und die Zielsetzung des Rechts sowie die daraus sich ergebende Eigenart des juristischen Denkens eine Berücksichtigung des Individuellen in dem eben dargelegten Sinne überhaupt zulassen, oder ob es nicht zwingende, in der Idee und Zweckrichtung des Rechts gelegene Gründe gibt, die eine Einflußnahme der Individualität auf die rechtliche Beurteilung ausschließen.

## II.

In einer neueren Darstellung der Rechtsphilosophie heißt es: „Die Rechtsordnung interessiert sich nicht für Individualitäten, sondern nur für das Typische“[5]. Damit erscheint der Anspruch der Individualität auf Berücksichtigung vor dem Forum des Rechts als a limine abgewiesen. Doch zeigt sich bei näherem Zusehen, daß ein so kategorischer Ausschluß der Individualität aus der Rechtsbetrachtung nicht durchführbar ist, sondern daß jener als Ausgangspunkt und Grundsatz durchaus richtige Ausspruch mancher Einschränkung und mancher Ergänzung bedarf, die beide im Ergebnis dazu führen, daß das Individuelle eben doch durch mancherlei Tore – und zuweilen auch Hintertüren – Zugang zur rechtlichen Beurteilung von Lebensfällen findet.

Wir wollen zunächst das Verhältnis des Rechts zur personalen Individualität der an Lebensvorgängen und -beziehungen beteiligten Menschen ins Auge fassen. Allerdings muß eine ontologische Betrachtung vorerst noch weiter zurückgehen und den Menschen in seiner durch die Schöpfungsordnung vorgegebenen Einzigkeit sehen. Hier ist er, auf sich selbst gestellt, „Individualperson“, „eine Person, die sich selbst das Nächste und zugleich doch unfaßbar Fernste ist, – ein in der Selbst-verständlichkeit des Ich-sagens sich ansprechendes und zugleich aussprechendes Wesen, das auf der Welt nur einmal ist und das in seine Einzigkeit und Eigenheit staunend sich hineingegeben findet“[6]. Bereits aus der Fülle der ihm mitgegebenen Anlagen, aber noch wesentlich sich steigernd durch die Entwicklung in seinen Umweltbeziehungen und -erfahrungen bildet der einzelne Mensch in seiner Persönlichkeit eine solche Fülle von Individualität, wie sie in diesem Ausmaß bei keiner anderen Lebenserscheinung wiederzufinden ist.

Das Recht als Ordnungsmacht kann sich nicht die Aufgabe setzen, diese Individualität in ihrer Entfaltung, Äußerung und Betätigung durch seine Normen zu lenken und zu reglementieren, weil jenes eigenartige Leben der Individualperson sich nach lebensgesetzlichen Gegebenheiten nur aus sich selbst heraus zu entfalten vermag. Der einzig mögliche Bezug des Rechts zur personalen Individualität in dem gekennzeichneten Sinne besteht darin, daß es die Aufgabe übernimmt, den Raum der freien Individualitätsentfaltung zu schützen und damit der Individualperson den Bereich des status naturalis zu gewährleisten. Aber wenn es dies, insbesondere durch Verbür-

---

[5] Coing, Grundzüge der Rechtsphilosophie, S. 17.
[6] Maihofer, Recht und Sein, S. 94/95.

gung von „Menschenrechten", tut, wendet es sich damit gerade nicht der Individualität des Einzelnen zu, sondern schützt ihn im Allgemeinen und Allgemeinsten, in denjenigen Eigenschaften, Strebungen und Beziehungen, die er mit allen Menschen gemeinsam hat, in seiner Menschenwürde, seinem Freiheitsstreben, seiner häuslichen Sphäre. Die in diesem Raum sich vollziehende Entfaltung und Auswirkung der Individualität selbst bleibt vom Recht unberührt, weil sie sich als etwas Einmaliges und Einzigartiges der immer auf Vergleichbares und Gleichzusetzendes bezogenen Ordnung entzieht. Es ist also der Bemerkung Radbruchs zuzustimmen: „Nicht auf die wirklichen einzelnen Menschen ... kann eine Rechtsordnung zugeschnitten werden. Vom empirisch-konkreten Menschen führt der Weg nicht zu einer Rechtsordnung, sondern zur Verneinung jeglicher Rechtsordnung"[7].

Nun lebt der Mensch aber nicht nur in seiner Individualwelt, sondern zugleich in der Sozialwelt. Sein Dasein ist angewiesen auf die Umwelt der Güter, deren er bedarf, angewiesen auf die Mitwelt der Menschen, in der allein er seine Bestimmung als Mensch erfüllen kann. In dieser „socialitas" des Menschen erblickt Maihofer[8] die Grundlage jeder Rechtsontologie; er hat sie in ihren Bedingungen, Auswirkungen und Beziehungen eingehend dargestellt und dabei treffende Formulierungen gefunden. Ausgangspunkt ist das Bedürfnis und die „Entsprechung": „Immer ist es entweder das eigene Bedürfnis und die Entsprechung am Begegnenden oder das Bedürfnis des Begegnenden, das seine Entsprechung an uns findet, was Welt um uns aufbaut".

So besteht die Sozialwelt in einem Gefüge von Entsprechungen, die entweder von Natur aus gegeben sind (wie z. B. diejenige von Mann und Frau, Kind und Eltern) oder sich in Gebilden der Kultur und Zivilisation entwickeln. Im ganzen gesehen ist es eine wechselseitige Angewiesenheit der Menschen aufeinander, die sie in eine Vielfalt von Bezügen der „Entsprechung" zueinander bringt. In diesen Entsprechungen aber begegnen sich die Menschen nicht in der Fülle ihres Person-Seins, nicht in ihrer Einzigartigkeit als Individualpersonen, sondern jeweils nur in einem Teil ihres Person-Seins, mit bestimmten Eigenschaften, Fähigkeiten, Strebungen, auf die die Kommunikation mit den anderen abgestellt ist. Indem der Mensch aus seiner Individualwelt heraustritt und in die Sozialwelt eintritt, ergibt sich für ihn eine Verwandlung: er läßt seine Individualität sozusagen hinter sich und wird „einer von den anderen"; er ist nicht mehr der Einzige, sondern Mitglied der Sozialordnung; er hat seine Individualgestalt abgestreift und eine „Sozialgestalt" angenommen. Diese „Sozialgestalt" ist nichts anderes als die Rolle, die er innerhalb der Sozialwelt in diesem oder jenem Bezug übernimmt: als Ehemann, Vater, Teilhaber einer Handelsgesellschaft, Käufer, Mieter, Eigentümer. Genauer besehen ist es also nicht e i n e „Sozialgestalt", sondern eine Fülle solcher Gestalten, die er – gleich-

---

7) R a d b r u c h , Der Mensch im Recht, S. 5.
8) M a i h o f e r , Recht und Sein (1954), S. 83 ff.

zeitig und nacheinander – ausfüllt. Sie bezeichnen nichts anderes als die jeweilige Funktion, in der der Einzelne an der Kommunikation der innerhalb des sozialen Raumes sich begegnenden Menschen teilhat. Die dabei übernommenen Rollen fallen ihm teils mit Notwendigkeit zu (z. B. daraus, daß er als männliches oder weibliches Wesen und als Kind bestimmter Eltern geboren ist), teils werden sie aus freier Wahl übernommen (wie z. B. die Rolle des Käufers); sie sind teils „Lebensrollen", solche, die von der Geburt bis zum Tode ausgefüllt werden, teils von begrenzterer Dauer, unter Umständen sogar von ganz flüchtiger Bedeutung (wie etwa die Abwicklung eines Barkaufes des täglichen Lebens zwischen Käufer und Verkäufer). Die Kommunikation zwischen den sich „Begegnenden" dauert jeweils nur so lange, als der vorgegebene, aus dem Bedürfnis und dem Angewiesensein sich ergebende Bezug dauert, d. h. im letzteren Beispiel nur für die Dauer des Kaufgeschäftes. Nicht nur in zeitlicher Hinsicht ist die „Begegnung" der Sozialgestalten begrenzt; sie ist es auch im Umfang der Kommunikation: Der andere ist mir „im alltäglichen Miteinander ebenso nur in bezug auf dieses Angewiesensein freigegeben, wie auch ich ihm nur „erschlossen" bin als das, was ich in der konkreten Situation jetzt und hier für ihn bedeute"[9]). Der Käufer tritt in Kommunikation zu dem Verkäufer, der Mieter zu dem Vermieter, der Gesellschafter einer offenen Handelsgesellschaft zu dem Mitgesellschafter, alle lediglich im Raum des sie zusammenführenden Sozialverhältnisses. Sie gehen in diesen Sozialgestalten einander nur insoweit an, als der gemeinsame Bezug reicht; im übrigen aber bleiben sie, sowohl hinsichtlich der anderen Rollen, die sie im sozialen Leben ausfüllen, wie auch vor allem in dem Kern ihrer Individualität, einander unerschlossen. Da die „Sozialgestalten" sich nach der ontologischen Struktur des Miteinanderlebens der Menschen aus der ständigen Wiederkehr des Gleichartigen als Typenerscheinungen herausbilden, findet ihre Begegnung auf der Ebene eines Allgemeinen und Gemeinsamen statt; das, was die Beteiligten innerhalb ihrer Begegnung als „Sozialgestalten" angeht, sind die allgemeinen Eigenschaften, Merkmale, Strebungen und Beziehungen, die der artmäßigen Kommunikation ihrer Sozialbegegnung entsprechen[10]). – Was hier von den zwischenmenschlichen Beziehungen der Einzelnen untereinander gesagt ist, gilt ebenso für die Beziehungen des Einzelnen zu den

---

[9]) Maihofer, Recht und Sein, S. 118.

[10]) Raiser, Zeitschrift für das gesamte Handelsrecht, Band 111, S. 91 ff., leitet daraus die grundsätzliche Geltung des Gleichheitssatzes im Privatrecht her; er sagt von dem Menschen in der heutigen Sozialordnung: „Das soziale Klima, in dem er gedeiht, ... ist ... die moderne, rationalisierte, entpersönlichte Massenwelt, sind die sozialen Gruppen, in denen der Einzelne nicht als Mensch, sondern eben nur als Arbeitnehmer des Großbetriebes, als Aktionär oder sonstiges, auswechselbares Vereinsmitglied, als Mieter in der großstädtischen Mietskaserne, als beliebiger Abnehmer von Massenwaren auftritt. Gerade weil solche Gruppen keine gewachsenen, die rechtliche Ungleichheit sittlich begründenden Vorrangslagen aufweisen, sind sie vom Recht nach dem Grundsatz gleichen Ranges zu ordnen, dem also, recht verstanden, subsidiäre Geltung zugeschrieben werden kann" (92).

ihm übergeordneten Verbänden, insbesondere zum Staat. Auch hier erscheint er nicht als der mit einer Fülle von Individualität ausgestattete Einzelne, der Einzigartige, sondern in einer Vielfalt von „Sozialgestalten": als Staatsbürger, Beamter, Verkehrsteilnehmer, Gemeindemitglied, Angehöriger einer Religionsgemeinschaft. Selbst dort, wo er nicht in einer bestimmten sozialen Rolle auftritt und beurteilt wird, sondern als Mensch schlechthin, ist er für ein auf die soziale Ordnung ausgerichtetes Denken nicht als die in ihrem Selbstsein einzigartige Persönlichkeit gemeint, sondern als „Durchschnittsmensch" oder „Normalmensch". Wenn etwa demjenigen, der in einem Leibes- und Lebensnotstand sich selbst auf Kosten Dritter gerettet hat, ein Entschuldigungsgrund zugebilligt wird (§ 54 StGB), so geschieht dies in der Erwägung, daß von dem „Durchschnittsmenschen" ein Standhalten gegenüber der Einwirkung des Selbsterhaltungstriebes nicht erwartet werden kann, mag der Betreffende auch im Einzelfall nach seinen individuellen Anlagen und Fähigkeiten bei genügender Anspannung seiner Willenskraft durchaus die Möglichkeit gehabt haben, die Gefahr auf sich zu nehmen und womöglich den eigenen Untergang zu ertragen. Kommt es ferner darauf an zu beurteilen, ob ein Verhalten oder eine Schrift das Scham- oder Sittlichkeitsgefühl verletzt, so ist es auch hier nicht auf die Reaktion eines Einzelnen abzustellen, dessen Sensibilität in dem genannten Bezug durch höchst individuelle Merkmale geprägt sein kann, sondern man stellt sich einen „Normalmenschen" mit durchschnittlicher Empfindlichkeit vor, einen empirisch nicht vorhandenen Menschen, das Modell eines Menschen, aus dessen Gefühlsreaktion auf gewisse inkriminierte Verhaltensweisen alles von der „Norm" Abweichende, also Individuelle, hinweggedacht wird.

Wenn auf diese Weise im sozialen Raum, dessen Ordnung dem Recht obliegt, der Mensch als „Sozialgestalt" in Erscheinung tritt oder, soweit das nicht der Fall ist, als Durchschnittsmensch erfaßt wird, so scheinen uns alle bisherigen Erwägungen zum Ausgangspunkt zurückzuführen: Das Recht befaßt sich nicht mit der Individualität, sondern mit der Sozialität des Menschen. Dabei ist aber denn doch noch nicht genügend herausgestellt worden, daß die Teilhaftigkeit des Einzelnen an den Sozialbeziehungen, d. h. das Maß der Beteiligung, der Einbeziehung seiner Person in das Sozialverhältnis, jeweils eine sehr unterschiedliche ist. Anders ausgedrückt: die Haft-Tiefe ist je nach Art und Dauer des Sozialverhältnisses eine ganz verschiedene. Das wechselseitige Sich-Angehen der Menschen, der Bezug der zwischen ihnen sich herstellenden Gemeinsamkeit ist vielfach so oberflächlich und flüchtig, daß die Sozialbeziehung von den Eigenschaften und sonstigen Merkmalen der beteiligten Personen nur das Allgemeinste umfaßt, wie etwa bei den Partnern eines alltäglichen Barkaufes nur die allgemeine Verkehrsredlichkeit vorausgesetzt wird. Je größer aber die Intensität der „Begegnung", das Maß des Angewiesenseins, innerhalb eines Rechtsverhältnisses ist, um so größer wird auch die Haft-Tiefe im Hinblick auf die Beteiligung der Person sein, so daß hier zum mindesten bereits besondere Eigenschaften, Fähigkeiten, Beziehungen der Beteiligten, nicht nur rein faktisch, sondern auch für die rechtliche Beurteilung mit im Spiele sind. Die Haft-Tiefe der Sozial- und Rechtsbeziehung kann schließlich so erheblich sein, daß sogar das Höchstpersönliche, das Individuelle der beteiligten Einzelpersönlichkeiten, in die Rechtsbetrachtung miteinbezogen werden muß. Mag es sich auch um die Regelung oder Beurteilung des Verhaltens von Menschen handeln, die als „Sozialgestalten", d. h. in Typenerscheinungen, auftreten, so gehen hier doch in die „Rolle" des Auftretenden so viele persönliche Elemente mit ein, daß wir nicht von der „Individualperson", wie sonst im allgemeinen, abstrahieren können, sondern sie bei der Betrachtung miteinbeziehen müssen. Dies ergibt sich manchmal bereits aus der ontologischen Struktur des gegebenen Sozialverhältnisses. Ein Dienstvertrag z. B. kann so stark durch die Sphäre des Höchstpersönlichen bestimmt sein, daß die Frage, ob eine fristlose Kündigung „aus wichtigem Grund" (§ 626 BGB) berechtigt ist, zur Berücksichtigung durchaus individueller Eigenschaften, Fähigkeiten, Beziehungen der Beteiligten zwingt. Nicht anders verhält es sich mit der Frage, ob die Voraussetzungen einer Ehescheidung auf Grund persönlicher Eigenschaften eines Ehepartners bzw. wegen unheilbarer Zerrüttung der Ehe gegeben sind. Nicht immer ist aber in Fällen wie den genannten die Einbeziehung des Individuellen in die rechtliche Betrachtung durch die ontologische Struktur des Lebensverhältnisses bereits vorgezeichnet. Es kann vielmehr durchaus offen sein, ob das Recht sich auf die Individualität eines von seiner Ordnungsaufgabe Betroffenen einlassen will oder nicht, und damit eine Entscheidung im einen oder anderen Sinne notwendig werden, eine Entscheidung, die vielfach nur ganz aus der Tiefe des Grundsätzlichen heraus getroffen werden kann. So ist es eine Grundfrage des Strafrechts, ob seine Strafdrohungen und ihr Vollzug ausgerichtet werden sollen am Gedanken der Tatverantwortung, die auf den Ausgleich von Tat und Sühne, ohne individualisierende Täterbetrachtung, hinausläuft, oder auf Täterverantwortung, in deren Bereich die Individualität des einzelnen Täters miteinbezogen wird, eine Frage, auf die später noch zurückzukommen ist. Jedenfalls ist aber bereits jetzt sichtbar geworden, daß jene Ausklammerung der personalen Individualität, die in der Ausgangsposition als der Regelstandpunkt des Rechts bezeichnet wurde, dort undurchführbar ist, wo individuelle Persönlichkeitsmerkmale in der Beziehung der Einzelnen untereinander oder in ihrer Beziehung zur Gesamtheit so in den Vordergrund treten, daß sie bei der rechtlichen Beurteilung solcher Lebensfälle nicht außer Betracht bleiben dürfen.

Was über die Bedeutung des Persönlichkeitsmoments in der Rechtsbetrachtung gesagt worden ist, gilt entsprechend für die Bedeutung des Situationsmoments in der Beurteilung von Rechtsfällen. Jeder Lebenssachverhalt ereignet sich unter bestimmten „Umständen", Modalitäten des Geschehensablaufs, insbesondere menschlicher Verhaltensweisen, Modalitäten von Raum und Zeit des Geschehens. In jenen „Umständen" nun, wenn wir sie mit der Sachlage anderer Lebensfälle vergleichen, lassen sich – wie bei jeder Lebenserscheinung – nach unserer eingangs getroffenen Feststellung allgemeine (mit vielen anderen Fällen gemeinsame), besondere (nur mit einer begrenzten Zahl übereinstimmende) und schließlich auch einzigartige Merkmale erkennen. Als faktisches Geschehen weist sich somit der Lebensfall in seiner Situationsgegebenheit ebenso als Individualität aus wie die an dem Geschehen beteiligten Personen: er ist in der Fülle seiner Merkmale einmalig und unvergleichbar. Darin tritt jedoch eine Änderung ein, wenn der Vorgang als Ereignis in der Sozialwelt betrachtet, wenn er in seiner sozialen Sinn- und Zweckhaftigkeit erfaßt wird. Unter diesem Gesichtspunkt rücken Sachverhalte zusammen, die sich zwar in einem gewissen Merkmalsbereich, insbesondere nach Zeit und Ort des Geschehens, voneinander unterscheiden, aber in anderen Merkmalen übereinstimmen und im sozialen Leben auch ständig wiederkehren, so daß sie als Typenerscheinungen zusammengefaßt werden. Wie das Leben eine unerschöpfliche Vielfalt des Individuellen hervorbringt, so schafft es andererseits auch eine gewisse Typik der Lebenssituationen und Lebensvorgänge, die sich uns dadurch erschließt, daß wir, unter Abstraktion vom Individuellen, die Lebenserscheinungen in einen Bezug zueinander und zu einem Sinn und Zweck bringen. Vorgänge, die sich als Geschehensabläufe in vielen Einzelheiten unterscheiden, werden dadurch zu sozialen Sinn- und Zweckeinheiten, als Kauf, Eigentumsübertragung, Hypothekenbestellung, Gesellschaftsvertrag usw. Wie die in ihrer Einzigartigkeit unerschöpfliche „Individualperson" mit ihrem Eintritt in die Sozialwelt zur Typenerscheinung wird, indem sie „Rollen" übernimmt und in „Sozialgestalten" erscheint, so tritt auch bei jedem Lebensvorgang, wenn er in den sozialen Raum hineingerückt wird, das Individuelle der Sachlage zurück und das Generelle in den Vordergrund. Die Tatsache, daß sich diese generellen Merkmale in dem Ablauf des Sozialgeschehens immer wieder feststellen lassen, daß infolgedessen eine Zusammenfassung vergleichbarer und übereinstimmender Sachlagen möglich ist, bildet die Grundlage dafür, daß das Recht seine Ordnungsaufgabe teilweise, wenn auch nicht ausschließlich, durch Normbildung lösen kann, indem es typische Sozialerscheinungen durch Regeln zu ordnen unternimmt.

Eine viel erörterte Lehre[11]) besagt nun, daß die Rechtsnorm stets eine „normale Gestaltung der Lebensverhältnisse" voraussetze; sie sei auf den „Normalfall" zugeschnitten und habe nur für ihn Gültigkeit. „Eine generelle Regel soll zwar von der konkreten Einzellage unabhängig sein und sich über den Einzelfall erheben, weil sie viele Fälle und nicht nur einen einzelnen Fall regeln soll; aber sie erhebt sich nur in einem sehr beschränkten Maße, nur in einem ganz bestimmten Rahmen, und nur bis zu einer ge-

---

[11]) K. Schmitt, Politische Theologie, 2. Aufl. (1934), S. 19 ff.; derselbe, Die drei Arten des rechtswissenschaftlichen Denkens (1934), S. 23.

wissen bescheidenen Höhe über die konkrete Lage. Überschreitet sie dieses Maß, so trifft und betrifft sie nicht mehr den Fall, den sie regeln soll . . . Eine Norm mag sich noch so unverbrüchlich geben, wie sie will, sie beherrscht eine Lage nur soweit, als die Lage nicht völlig a b n o r m geworden und solange der als normal vorausgesetzte konkrete Typus nicht verschwunden ist." Daraus wird die Folgerung gezogen: „Ist die konkrete Situation nicht normal, so fällt die Gültigkeit des Rechtssatzes hinweg und die souveräne Dezision ist es, die über diesen ‚Ausnahmefall' bestimmt." Das heißt: Entscheidung des Falles mit „abnormer" Situation nicht nach der Norm, sondern aus freier Rechtsfindung.

Man hat auf die Gefahren hingewiesen[12]), die sich aus dieser Lehre ergeben: Entwertung des Normenrechts durch Beschränkung der Normen auf eine nur relative Gültigkeit; Gefährdung der Ordnung des Rechts durch weitgehende Freigabe der am Einzelfall orientierten „Dezision"; in der letzten Konsequenz: Auflösung des Rechts in ein fluktuierendes „Situationsrecht"[13]). In der Tat sind diese Gefahren nicht zu leugnen, aber die Bedenken, die sich erheben, richten sich nicht so sehr gegen das Grundanliegen dieser Lehre als gegen ihre Unbestimmtheit und die dadurch begründete Unübersehbarkeit ihrer Tragweite. Sie ist nur zu verstehen aus ihrer polemischen Haltung gegenüber dem „Normativismus", worunter eine Denkweise verstanden wird, die von der Überzeugung getragen ist, alle vom Recht zu ordnenden Lebenssachverhalte auf eine Summe von Rechtsregeln reduzieren und damit die Lösung aller Rechtsfälle aus der Anwendung von Normen herleiten zu können. Wenn demgegenüber darauf hingewiesen wird, daß es „konkrete Ordnungen" und Lebenssachverhalte gibt, die sich der Erfassung durch die Norm entziehen, so ist dagegen sicherlich nichts einzuwenden, wohl aber gegen die Allgemeinheit und Unbestimmtheit der Formel, wonach jeder „abnorme" Fall der Rechtsnorm entzogen und regelfrei zu entscheiden sei. Im Grunde beruht die zu rügende Unbestimmtheit auf einer Unklarheit des Gedankens, der nicht zu Ende gedacht wird. Denn es geht letztlich um die Frage, was wir bei der Umgrenzung des Wirkungsbereiches der Norm als „normal" und was wir als „abnorm" bezeichnen. Wir meinen dabei solche Fälle, die die generellen Merkmale einer bestehenden oder zu schaffenden Rechtsnorm erfüllen, darüber hinaus aber Merkmale aufweisen, die die Möglichkeit der Unterstellung des Falles unter die Norm zweifelhaft erscheinen lassen. Daß jeder Fall außer den in der Norm typisierten oder typisierbaren Merkmalen noch besondere und darüber hinaus sogar einzigartige Umstände aufweist, ist uns eine geläufige Vorstellung. Daß aber das Vorhandensein solcher Umstände, selbst wenn ihre Eigenart durch die Kennzeichnung als „ungewöhnlich" besonders her-

---

[12]) Vgl. J e r u s a l e m, Kritik der Rechtswissenschaft, S. 239 ff.; E n g i s c h, Konkretisierung, S. 282, mit weiteren Literaturangaben.

[13]) E n g i s c h a. a. O. spricht geradezu von einer „Auflösung des Rechtsgedankens".

vorgehoben wird, nicht ohne weiteres die Erfassung des Sachverhaltes durch eine Rechtsnorm ausschließt, ist ebenso einleuchtend. So entzieht sich z. B. ein Kaufabschluß nicht deshalb den Normen des Kaufrechts, weil der Kaufgegenstand ein ungewöhnlicher oder sogar einzigartiger ist; ebensowenig entzieht sich die vorsätzliche Vernichtung eines Menschenlebens den Tötungstatbeständen des StGB deshalb, weil sie auf eine bisher nie dagewesene Art und Weise bewirkt wird. Das heißt: das Hinzutreten besonderer und individueller Merkmale zu den generellen, lebenstypischen Umständen des Falles hat noch keineswegs die Wirkung, daß der Fall unter Durchbrechung oder außerhalb einer Norm entschieden werden müßte. Als „abnorm", d. h. nicht mehr norm-entsprechend, kann der Fall erst dann angesehen werden, wenn die individuellen Umstände in der rechtlichen Betrachtung so sehr das Übergewicht über die generellen Merkmale erhalten, daß der Fall aus der Reihe aller vergleichbaren Fälle herausrückt und nur als Einzelfall „richtig" zu beurteilen ist, mithin nicht durch Normanwendung, sondern durch konkrete Entscheidung. Wann aber die Individualität des Situationsmomentes eine die rechtliche Beurteilung derart beherrschende Rolle spielt, bleibt hier ebenso eine offene Frage, wie dies im Hinblick auf die personale Individualität der am Lebensvorgang Beteiligten der Fall ist. Nur eines dürfte schon jetzt außer Zweifel stehen: daß es sich hier um ein Phänomen handelt, das gegenüber der rechtlichen Normenordnung als eine besonders zu beachtende Erscheinung hervortritt.

Damit berühren wir einen Punkt, an dem das unterschiedliche Verhältnis des Rechts und der Ethik zur Individualität deutlich hervortritt. Für die ethische Betrachtung, die den Einzelnen vor das Forum des eigenen Gewissens stellt, ist und bleibt er eine Individualität auch dort, wo er in Beziehung zur Sozialwelt tritt und in irgendeiner „Sozialgestalt" erscheint, als Ehepartner, Angestellter, Gläubiger eines Schuldverhältnisses. Während das Recht, um bei dem letzteren Beispiel zu verbleiben, auf die personale Individualität und die individuelle Beziehung der Partner eines Schuldverhältnisses im allgemeinen nicht eingeht und darauf keine Rücksicht nimmt, kommt ihr in der ethischen Beurteilung ihres Verhaltens innerhalb des Schuldverhältnisses eine wesentliche Stellung zu. So wird es z. B. als Rücksichtslosigkeit ethisch mißbilligt, wenn ein wohlhabender Gläubiger einen ihm rechtlich zustehenden und mit den Mitteln des Rechts auch realisierbaren Geldanspruch gegenüber einem in Vermögensschwierigkeiten geratenen Freund geltend macht oder wenn er seinen Anspruch gegenüber einem anderen betreibt, dem er durch eine bisher unbelohnt gebliebene Lebensrettung zu höchster Dankbarkeit verpflichtet ist. Eine ebenso beherrschende Rolle spielt in der ethischen Betrachtung das Situationsmoment[14]). Stets ist die ethische Pflichtenstellung nach Grund und Umfang von den individuellen Umständen der Lage abhängig, so daß man in der

---

[14]) Vgl. Weigelin, Einführung in die Moral- und Rechtsphilosophie, (1927), S. 95.

Morallehre keine der Rechtsregelung entsprechende Normenordnung aufzustellen, sondern nur Leitlinien ethischer Anforderungen zu entwickeln vermag, die aber durchgehend unter dem Vorbehalt der Mitberücksichtigung individueller Momente stehen, aus denen sich vielfache Modifikationen der ethischen Verpflichtungen ergeben.

Das Recht ist dem gegenüber in hohem Maße unempfindlich und muß es entsprechend seiner Ordnungsaufgabe sein; aber seine Unempfindlichkeit gegenüber dem Individuellen ist doch nicht grenzenlos. Steigert sich etwa die Rücksichtslosigkeit einer Rechtsausübung bis zum Grad des „Mißbrauchs" einer Rechtsstellung oder bis zur „Schikane", enthält sie einen Verstoß gegen die „guten Sitten", so schließt das Recht sich der ethischen Mißbilligung an und zieht daraus rechtliche Folgerungen. Ändern sich die wirtschaftlichen Verhältnisse der Vertragspartner von Grund aus, so kann die Situationswandlung für die rechtliche Beurteilung eine entscheidende Rolle spielen, und selbst der rechtskräftig verurteilte Schuldner findet unter Umständen doch noch, unter Berücksichtigung ganz besonderer Umstände, rechtlichen Vollstreckungsschutz. Es kann also durchaus sein, daß höchstpersönliche Momente oder individuelle Situationsgegebenheiten auf die Stellungnahme des Rechts Einfluß gewinnen. Die Frage ist nur, wann und unter welchen Voraussetzungen die Bedeutung derjenigen Merkmale, die sich aus dem Typischen der Lebenserscheinungen herausheben, so erheblich, wann mit einem Wort die Individualität des Falles so stark ist, daß er sich der Erfassung durch die generalisierende Norm entzieht und nur aus seiner Vereinzelung und Eigenart durch konkrete Entscheidung rechtlich zutreffend zu lösen ist.

## III.

Auf diese Frage läßt sich eine allgemeine und eindeutige Antwort nicht geben. Die rechtliche Regelung sozialer Lebensverhältnisse vollzieht sich in einem Spannungsfeld, in dem die verschiedenen Tendenzen wirken, die in der Rechtsidee, in der Ziel- und Zwecksetzung des Rechts[15]), enthalten sind. Es handelt sich um das Spannungsverhältnis zwischen Rechtssicherheit, Gerechtigkeit und Zweckmäßigkeit. Wie die darin liegenden Anforderungen an die Rechtsgestaltung in Widerspruch zueinander treten können, so ist auch ihr Verhältnis zur Individualität des Falles ein höchst problematisches und vielfach widerspruchsvolles. Nur von der Forderung der Rechtssicherheit, die auf Klarheit, Durchsichtigkeit, Stetigkeit der Rechtsregelung und Voraussehbarkeit der Rechtsfolgen abzielt, kann man von vornherein sagen, daß sie eine eindeutige Stellungnahme in unserer Frage in sich schließt: sie widerstreitet ganz entschieden einer Berücksichtigung der nicht voraussehbaren, in ihrer Vielfalt undurchsichtigen und infolgedessen einen wesentlichen Unsicherheitsfaktor in sich bergenden Individualität. Während sich hier eine klare Stellungnahme ergibt, läßt dagegen die Tendenz der Gerechtigkeit eine durchaus verschiedene, ja sogar gegensätzliche Reaktion gegenüber der Individualität des zu beurteilenden Rechtsfalles zu. Dies ist in der Zwiespältigkeit begründet, die in der Gerechtigkeitsforderung selbst enthalten ist, Gleiches gleich und Ungleiches ungleich zu behandeln. Es ist zwar behauptet worden, die Gerechtigkeit habe eine eindeutige und ausschließliche Ausrichtung auf das Individuelle hin — eine These, die M. E. Mayer[16]) am entschiedensten entwickelt hat: „Die von der Gerechtigkeit erstrebte Ausgleichung von Gegensätzen geht ganz ohne Rücksicht auf eine maßgebende oder erst zu findende Norm vom Einzelfall aus, die Gerechtigkeit schaltet, wie gesagt zu werden pflegt, f r e i, und das bedeutet n o r m e n f r e i. Sie findet ihre g a n z e Aufgabe im Einzelnen und Einmaligen, gleichviel ob es als besonderer Konflikt zwischen zwei Personen oder als Gesetzgebungsproblem oder als soziale Frage vorliegt, sie entscheidet also gegebenenfalls, als ob eine Normierung gar nicht in Frage käme, und ist gerade vermöge dieser Konzentration auf die Individualität des Falles befähigt, seinen Besonderheiten in vollem Maße Rechnung zu tragen.“ Damit ist in der Tat diejenige Seite der Gerechtigkeit vortrefflich gekennzeichnet, die wir als die individualisierende

[15]) Vgl. dazu die grundlegenden Ausführungen von R a d b r u c h, Rechtsphilosophie (1950), S. 168 ff., und C o i n g, Grundzüge der Rechtsphilosophie, S. 90 ff., 147 ff., 179 ff.

[16]) M. E. M a y e r, Rechtsphilosophie, S. 79.

Gerechtigkeit bezeichnen und deren Tendenz in der richtigen Einzelfallentscheidung liegt. Wenn es in der Richtung dieser Betrachtungsart liegt, bei der Ermittlung und Berücksichtigung der Merkmale des Falles von den allgemeinen über die besonderen bis zu den einzigartigen Merkmalen vorzudringen, so tritt damit derjenige Teil der Gerechtigkeitsmaxime in den Vordergrund, der „Ungleiches ungleich" zu behandeln gebietet. Da in der Individualität des Falles immer die Ungleichheit und Unvergleichbarkeit im Verhältnis zu anderen Fallerscheinungen zum Ausdruck kommt, führt die Verwirklichung der individuellen Gerechtigkeit zur Lösung des Falles nicht nach einer an generellen Merkmalen ausgerichteten Norm, sondern aus seiner Eigengesetzlichkeit heraus. Daß dies e i n e Tendenz der Gerechtigkeit ist, die sich unter Umständen mit unüberwindlicher Kraft durchsetzen kann, wird nicht zu bestreiten sein. Unrichtig ist nur die Meinung, daß darin die ganze, d. h. ausschließliche, Aufgabe der Gerechtigkeit enthalten sei. Wer Lebensfälle zu einer rechtlichen Regelung zu bringen hat, wird sich nie mit voller Ausschließlichkeit auf die Betrachtung des Einzelfalles beschränken dürfen, sondern auch dort, wo es – wie beim richterlichen Urteil oder einer Verwaltungsmaßnahme – unmittelbar nur um die Lösung des Einzelfalles geht, stets den Vergleich mit anderen, bereits vorgekommenen und künftig zu erwartenden Fällen in seine Betrachtung miteinbeziehen müssen. Dies ergibt sich nicht nur aus der allgemeinen Ordnungstendenz des Rechts, sondern zugleich aus dem Wesen der Gerechtigkeit, die, indem sie auf Ausgleich gerichtet ist, auch eine gewisse Gleichmäßigkeit in der rechtlichen Behandlung einer Vielzahl von Fällen erfordert, solcher Fälle, die in einem erheblichen Teil ihrer Merkmale einheitlich oder ähnlich gelagert, also vergleichbar sind. Darauf deutet jener Teil der Gerechtigkeitsmaxime hin, der „Gleiches gleich" zu behandeln gebietet, worin zum Ausdruck kommt, daß der Einzelfall nur eine Erscheinungsform des Lebens darstellt, die in größere Zusammenhänge eingeordnet ist und nur in der Beziehung zu diesen „richtig" beurteilt werden kann. Nennen wir diese in der Gerechtigkeit mitenthaltene Tendenz die generalisierende Gerechtigkeit, so wird klar, daß wir hier zu einer Nichtbeachtung der Individualität des Falles gedrängt werden, da bei einer Ausrichtung auf die gleichen, übereinstimmenden Merkmale einer Vielzahl zu vergleichender Fälle die Individualität als das Einzigartige aus dem Spiele bleiben muß. So zeigt sich also, daß die beiden antinomischen Tendenzen, die in der Gerechtigkeitsmaxime beschlossen sind, zu einer Gegensätzlichkeit auch in der Stellungnahme zur Individualität des Falles führen.

Man muß diese Gegensätzlichkeit klar ins Auge fassen und darf nicht versuchen, ihr dadurch auszuweichen, daß man den Blick auf die eine oder andere Gerechtigkeitstendenz beschränkt. Wer sich von der Forderung der generalisierenden Gerechtigkeit leiten läßt und es infolgedessen ablehnt, den Einzelfall bis zu seiner Einzigartigkeit hin zu berücksichtigen, wird zwar im Hinblick auf eine Vielzahl regelungsbedürftiger Fälle zu anerkennenswerten oder tragbaren Ergebnissen gelangen, sein Rechtsgewissen aber doch nicht beschwichtigen können, wo die vergleichende und generalisierende Betrachtung an wesentlichen Unterscheidungsmerkmalen des gegebenen Einzelfalles vorbeigeht. Größer noch kann allerdings die Gefahr sein, die sich aus einer Beschränkung auf die rein individualisierende Tendenz des Gerechtigkeitsbegriffes ergibt. Mit Recht ist hervorgehoben worden, daß in dieser Tendenz ein „anarchisches Element“[17]) steckt. Wenn man die Betrachtung aller Einzelfälle im unendlichen Streben nach Differenzierung des faktisch Ungleichen stets bis zur Ermittlung und Berücksichtigung des Einzigartigen vortreiben wollte, so bedeutete dies letztlich, daß jede Regelbildung des Rechts zerstört oder unmöglich gemacht würde. Das Recht würde sich bei einer derart umfassenden Individualisierung angesichts des Auftauchens stets neuer Individualitäten in einem Zustand der permanenten Revolutierung befinden, dem gegenüber der Versuch einer Ordnung aussichtslos wäre. Aber abgesehen davon ist eine rein individualisierende Betrachtung auch deshalb irreal, weil es für Menschen und innerhalb menschlicher Einrichtungen, insbesondere im Rahmen gerichtlicher Verfahren, vielfach unmöglich ist, in der Durchdringung von Einzelfällen jeweils bis zur Erkenntnis ihrer Individualität, ihrer Einzigartigkeit, zu gelangen, und vollends unmöglich, jeder Lebenserscheinung die ihr nach den ganz individuellen Merkmalen zukommende Beurteilung zuteil werden zu lassen[18]). Die faktischen Gegebenheiten, die Begrenzung des menschlichen Erkenntnis- und Urteilsvermögens, mit einem Wort: die Unvollkommenheiten dieser Welt, schließen es als solche bereits aus, daß die Gerechtigkeitsfrage durchweg auf das rein Individuelle von Lebensfällen abgestellt wird. Im übrigen würde aber die Vollkommenheit dieser Betrachtung, selbst wenn man sie erreichen oder sich ihr wenigstens annähern könnte, zu einer Unvollkommenheit in anderer Hinsicht führen. Man hat sehr zutreffend die individualisierende Betrachtung des Juristen mit der mikroskopischen Beobachtung des Naturwissenschaftlers verglichen[19]). Sie erschließt zwar den Mikrokosmos in seiner Vielfalt, in seinen kleinsten Merkmalen und Eigentümlichkeiten, schafft aber gerade durch ihre Genauigkeit erhebliche Fehlerquellen. „Je mikroskopischer ich einen Lebensfall betrachte, umso schwieriger – so stellt Engisch fest – wird es für mich, ihn treffsicher zu

---

[17]) Coing, Rechtsphilosophie, S. 115.

[18]) Coing, Die obersten Grundsätze des Rechts, 1947, S. 44, hält eine gerechte Individualisierung unter dem Gesichtspunkt der iustitia distributiva überhaupt für undurchführbar. „Jeder Versuch, eine solche differenzierte Gerechtigkeitsordnung bis ins einzelne zu schaffen, müßte scheitern und notwendig zu krassesten Ungerechtigkeiten führen“ (44). Wir stehen hier an den Grenzen menschlicher Gerechtigkeit. „Es ist dieselbe Grenze, die das Recht zur Gewährung der Freiheit nötigt: indem das Recht Freiheit gewährt, muß es Ungleichheiten in Kauf nehmen, die in Anlage und persönlicher Entfaltung begründet, rechtlicher Regelung sich entziehen“ (44).

[19]) So Engisch, Konkretisierung, S. 216.

betrachten. Je mehr Umstände ich zu berücksichtigen und gegeneinander abzuwägen habe, umso mehr verwirrt sich mein Blick. Damit erhöht sich also die Gefahr einer falschen Entscheidung." Wenn diese Gefahrenquelle schon in der Einzelfallbeurteilung selbst steckt, so vervielfachen sich die Möglichkeiten der Fehlbeurteilung erst recht, wenn man an die Zusammenhänge des Einzelfalles mit den Erscheinungen eines größeren Lebens- und Erfahrungsbereiches denkt. Denn wie die mikroskopische Beobachtung den Zusammenhang mit dem außerhalb des Blickbereiches liegenden Teil des Gegenstandes zerreißt und die Größenverhältnisse zu ihm völlig außer Betracht setzt, so führt auch die rein individualisierende Betrachtung eines einzelnen Rechtsfalles zur Nichtbeachtung vieler Faktoren, die für die Regelung eines größeren Lebensbereiches und der aus ihm sich ergebenden Vielzahl von Fällen von Bedeutung sind. Anders ausgedrückt: der Einzelfall in seinen Merkmalen erscheint nicht im richtigen Größenverhältnis zu einem Lebensganzen, von dem die Einzelbetrachtung sich nicht loslösen darf. So droht also auch unter diesem Gesichtspunkt das „summum ius summa iniuria".

Alle diese Überlegungen müssen dazu führen, die antinomischen Tendenzen der Gerechtigkeitsidee, den Gegensatz der individualisierenden und der generalisierenden Aufgabe, die diese Idee uns stellt, nach Möglichkeit zu einer ausgleichenden Lösung zu bringen und dort, wo diese auseinanderstrebenden Tendenzen nicht auf eine Mitte hin zusammengeführt werden können, mit aller Vorsicht zu untersuchen, ob innerhalb des gegebenen Regelungsbereiches der Schwerpunkt mehr nach der einen oder der andern Seite zu verlegen ist. In einem echten Konflikt wird es sogar der klaren Entscheidung für die eine oder andere Betrachtungsart, unter Zurücksetzung der ihr entgegengesetzten, bedürfen. Diese Entscheidung wird aber nur derart getroffen werden können, daß zugleich auch die sonstigen, in der Rechtsidee liegenden Regelungstendenzen Mitberücksichtigung finden. Dazu gehören, außer den schon erwähnten Anforderungen der Rechtssicherheit, die Erwägungen der Zweckmäßigkeit. Die letzteren führen uns zu der Feststellung, daß sich aus der faktisch gegebenen Lebenserscheinung Zwecksetzungen ersehen lassen, die nach Verwirklichung drängen. Das Recht ist zweckgemäß, wenn es sich den erkennbaren Zweck- und Interessenrichtungen möglichst anpaßt, sie in seiner Regelung zum Zuge kommen läßt. Ein lebensnahes Recht wird es sich angelegen sein lassen, diese Forderung insoweit zu verwirklichen, als sie nicht zu einem unausgleichbaren Gegensatz zu den übrigen Anforderungen der Rechtsidee führt. Ob und inwieweit nun aber das Ziel einer zweckmäßigen Lösung ein Eingehen auf die Eigentümlichkeiten des Falles, auf die Individualität der beteiligten Personen und der gegebenen Umstände, erfordert oder zuläßt, kann nicht allgemein und grundsätzlich gesagt, sondern nur von Fall zu Fall entschieden werden. Es sind Zwecksetzungen denkbar, die es unangebracht erscheinen lassen, aus den Interessenlagen heraus ein menschliches Verhalten nach einer (generellen) Norm vorzuschreiben, es vielmehr nahelegen, die Besonderheit und sogar die Einzigartigkeit des Falles zu berücksichtigen, um die Zweckerreichung vollkommen der Individualität der gegebenen Lage anzupassen. Man kann hier von „individualisierender Zweckmäßigkeit" sprechen[20]). Umgekehrt kann ein solches Eingehen auf die Individualität bei anderer Fallgestaltung unzweckmäßig sein, entweder in dem Sinne, daß es den vorgegebenen Zwecksetzungen zuwiderlaufen würde, oder zum mindesten in dem Sinne, daß es zur Zweckerreichung als nicht notwendig erscheint.

So müssen wir also feststellen, daß die Individualität eines Rechtsfalles, wenn wir sie in das höchst komplizierte Spannungsfeld hineinrücken, das von den verschiedenen und vielfach gegensätzlichen Tendenzen der Rechtsidee beherrscht wird, bald ganz unbeachtet bleibt oder unterdrückt wird, bald aber auch ganz in den Vordergrund gerückt und für das Ergebnis der rechtlichen Beurteilung zum entscheidenden Faktor wird, und zwar je nachdem, welche der verschiedenen Tendenzen der Rechtsidee in dem betreffenden Regelungsbereich bei einer abwägenden Betrachtung das Übergewicht erhält. Wir wollen uns dies an einem Beispiel anschaulich machen, indem wir annehmen, daß sich in einer Zeit der Verknappung von Lebensmitteln vor einem Geschäft, in dem Mangelwaren ausgegeben werden, eine große Zahl von Menschen ansammelt, die Lebensmittel kaufen wollen. Wir stellen uns die Aufgabe, nach rechtlichen Gesichtspunkten zu regeln, in welcher Reihenfolge diese Menschen zum Kauf in das Geschäft eingelassen werden sollen.

Auf den ersten Blick sehen wir hier nur eine unterschiedslose Masse von Menschen. Bei näherem Zusehen aber machen sich vielerlei Unterschiede und mancherlei Individualitäten bemerkbar. Neben der vielbeschäftigten Hausfrau steht der beruflich nicht mehr verpflichtete Rentner, neben dem kräftigen Mann die schwache Greisin, neben der schwangeren Frau der Schwerbeschädigte, Kranke. Für jeden von ihnen bedeutet das – unter Umständen stundenlange – Warten etwas ganz Verschiedenes je nach dem Alter und überhaupt der physischen Leistungsfähigkeit, aber auch nach der Art, dem Grad und der Dringlichkeit der Beschäftigung in Beruf und Haushalt. Wollten wir nun bei der Bestimmung der Reihenfolge, in der diese Menschen zum Kauf drankommen, im Hinblick auf jede Zuteilung des Platzes in der „Schlange" vollständig gerecht verfahren, so müßten wir die Individualität jedes Einzelnen berücksichtigen. Wir müßten bei der Ausrichtung auf die für das Wartenkönnen relevanten Merkmale in unseren Ermittlungen bis zu den höchstpersönlichen Eigenschaften (Alter, Konstitution, Gesundheitszustand), bis zu den eigen- und einzigartigen Umständen und Beziehungen jedes Beteiligten, vordringen, um das Maß des Warten-Müssens, d. h. den Platz innerhalb der „Schlange", für jeden ganz individuell zu bestimmen. Es bedarf keiner großen Phantasie, um sich aus-

[20]) Vgl. Engisch, Konkretisierung, S. 203.

zumalen, daß eine solche individualisierende Behandlung zu vielerlei Streitereien um den Vorrang und zu unberechenbaren Auseinandersetzungen führen müßte, so daß es nicht nur um den Rechtsfrieden geschehen, sondern auch ein Ende dieses Regelungsverfahrens gar nicht abzusehen wäre. Außerdem: wer sollte ermitteln und darüber befinden, welche höchstpersönlichen Merkmale und Beziehungen bei jedem Einzelnen für den Grad der Schonungsbedürftigkeit sowie die Wichtigkeit und Dringlichkeit seiner Beschäftigung von Bedeutung und von welcher Bedeutung sie sind? Ein solcher Beurteiler müßte übermenschliches Einsichtsvermögen besitzen, um nach der Regel des „suum cuique" jedem Beteiligten nach seiner Individualität gerecht zu werden. Im übrigen würde sich bei dem Versuch einer solchen „mikroskopischen" Schau herausstellen, daß die Bewertung und Entscheidung umso schwieriger wird, je mehr man sich den Einzelheiten zuwendet, und selbst wenn es gelänge, mit den Einzelentscheidungen ungefähr das „Richtige" zu treffen, so würde sich doch bei einer Übersicht über die Gesamtzahl der Entscheidungen ergeben, daß durch den verwirrenden Anblick der vielen Einzelheiten der Überblick über das Ganze des Regelungsverhältnisses verlorengegangen und damit die Beziehung der Einzelentscheidung zu den anderen, also die vergleichsweise Position jedes Einzelnen zu derjenigen der anderen Beteiligten, unbeachtet geblieben ist. So müßte also die individualisierende Betrachtung, selbst wenn sie mit den der menschlichen Unvollkommenheit ausgesetzten Rechtseinrichtungen durchführbar wäre, derart beunruhigende Aspekte eröffnen, daß demgegenüber eine grundsätzliche Gleichbehandlung der Beteiligten den Vorzug verdient, also der Verzicht auf individualisierende Gerechtigkeit sich aus den Gegebenheiten des Regelungsverhältnisses unumgänglich aufdrängt. Es zeigt sich, daß es in diesem Fall darauf ankommt, zunächst einmal eine Ordnung überhaupt zu gewährleisten, und zwar eine solche, die einfach, klar und bestimmt ist. Sie ergibt sich naturgemäß aus der Reihenfolge, die sich dadurch bildet, daß jeder Ankommende sich an die bereits Wartenden in der Reihe anschließt. Wir verfolgen damit den Grundsatz „Wer zuerst kommt, mahlt zuerst", einen Grundsatz, der bekanntlich in der Rechtsordnung an verschiedenen Stellen (z. B. bei der Zwangsvollstreckung durch mehrere Gläubiger) zur Geltung kommt. Allerdings liefern wir auf diese Weise die Regelung weitgehend dem Zufall aus, weil es von mancherlei nicht in der Willensverfügung des Einzelnen liegenden, sondern zufälligen Umständen abhängig sein kann, daß er erst spät zu der Reihe der Wartenden hinzugekommen ist. Mancher der Beteiligten wird deshalb das ihm auferlegte Warten-Müssen unter Hinweis auf seine geringe physische Leistungsfähigkeit oder die Dringlichkeit und Wichtigkeit seiner Beschäftigung als ungerecht empfinden. Aber demgegenüber ist darauf hinzuweisen, daß mit dem Präventionsprinzip die Grundlage einer Ordnung gewonnen ist, die die Rechtssicherheit gewährleistet, und schließlich wird jeder Beteiligte einsehen, daß diese klare und einfache Ordnung dem sonst drohenden Chaos einer individualisierenden Behandlung vorzuziehen und letztlich auch für alle Beteiligten vorteilhafter ist. Es läßt sich daran denken, daß man gewisse Gruppen von Wartenden (schwangere Frauen, Kriegsbeschädigte, nachweislich Kranke) bevorzugt abfertigt. Dadurch geschieht der Rechtssicherheit kein erheblicher Abbruch, weil die bezeichneten Merkmale schnell und einfach feststellbar sind; andererseits aber wird den Erwägungen der Gerechtigkeit, wenn zwar nicht in der überspannten Erwartung des individualisierenden Verfahrens, so doch in einer Differenzierung nach generell-besonderen Merkmalen, ein gewisser Raum zugestanden. Schließlich muß auch noch bedacht werden, welche Anforderungen der Gedanke der Zweckmäßigkeit an die zu treffende Regelung stellt. Was sich hieraus ergibt, deckt sich durchaus mit den bisher aus Rechtssicherheits- und Gerechtigkeitserwägungen gefundenen Ergebnissen. Auch unter dem Gesichtspunkt der Zweckmäßigkeit verbietet sich hier ein Eingehen auf die Individualität der Beteiligten. Ein individualisierendes Zuteilungsverfahren wäre, von allen anderen Bedenken abgesehen, höchst unzweckmäßig; es würde nicht nur zu einem unverhältnismäßig hohen Zeit- und Kostenaufwand führen, sondern vor allem auch der Dringlichkeit des Bedarfes an den notwendigen Lebensmitteln widersprechen und könnte leicht dazu führen, daß die zu verteilenden Waren inzwischen verderben[21]).

Während in diesem Fall die Zweckbetrachtung ausschlaggebend zur Gleichbehandlung des faktisch Ungleichen hinführt, kann in anderen Fällen der Gesichtspunkt der Zweckmäßigkeit und Praktikabilität des Rechts durchaus in die andere Richtung weisen, nämlich auf mehr oder weniger weitgehende Berücksichtigung der Individualität. Besteht etwa, anders als im Beispiel der „Schlange", die Aussicht, daß die Beteiligten sich über die Regelung ihrer Beziehungen und Bedürfnisse untereinander einigen werden, so wäre es ganz unzweckmäßig, wenn das Recht selbst die Aufgabe übernehmen wollte, solche Vorgänge und Verhältnisse von sich aus verbindlich zu ordnen und dabei die Individualität des Regelungswillens der Beteiligten ganz zwangsläufig weitgehend zu unterdrücken. Hier mag die Individualität, soweit keine Gefährdung von Allgemeininteressen eintritt, sich ruhig in der Regelungsfreiheit der Beteiligten selbst entwickeln. Darauf beruht bekanntlich die Privatautonomie des bürgerlichen Rechts, in der zum Ausdruck kommt, daß das Recht zunächst einmal denjenigen Willensäußerungen den Vortritt läßt, die sich aus der Eigenart der beteiligten Personen sowie der Umstände und der gegebenen Zwecksetzungen ergeben, und daß es nur dann Anlaß zum Eingreifen mit seiner generellen Normenordnung findet, wenn es von den Beteiligten zur Erfüllung seiner Ordnungsaufgabe aufge-

---

[21]) Zu einem generalisierenden Verfahren werden wir übrigens auch, wie die Erfahrungen aus Notzeiten zeigen, hinsichtlich des Verteilungsschlüssels bei der Ausgabe der Mangelwaren gezwungen: Verteilung nicht nach dem individuellen Bedarf, sondern nach der Kopfzahl, unter evtl. Berücksichtigung höheren Gruppenbedarfes.

rufen wird oder von sich aus zur Beschränkung des Individualwillens unter dem Gesichtspunkt des Allgemeinwohls Anlaß sieht.

Man kann also zusammenfassend sagen, daß es auf die Frage, wann und inwieweit das Recht die Individualität berücksichtigen darf oder muß, keine allgemeingültige Antwort oder Richtlinie gibt. Es kommt für die jeweils in Betracht zu ziehende Regelungsmaterie darauf an, ob sich die streng generalisierende, also individualitätsfeindliche Rechtssicherheitstendenz in den Vordergrund schiebt oder ob Erwägungen der Gerechtigkeit und der Zweckmäßigkeit, die aber in sich selbst durchaus zwiespältig und auseinanderstrebend sein können, mehr für eine nivellierende Gleichbehandlung oder für eine individualisierende Betrachtung sprechen. So wird unser Blick nunmehr auf die Verschiedenartigkeit und Besonderheit der einzelnen rechtlichen Regelungsbereiche hingelenkt. Dabei wollen wir, von dem kontinentalen System der Funktionenteilung zwischen Gesetzgeber und Rechtsanwender ausgehend, vorweg die Problemlage in deren Zuständigkeitsbereichen getrennt untersuchen, um dann anschließend auf die Bedeutung der Materialverschiedenheit der einzelnen Rechtsgebiete für unser Thema einzugehen.

## IV.

Fassen wir zunächst das Verhältnis des Gesetzgebers zur Individualität des Rechtsfalles ins Auge, so scheint es auf den ersten Blick, als könne hier mit einer Berücksichtigung des Individuellen überhaupt nicht gerechnet werden, dies schon deshalb nicht, weil das Ordnungsvorhaben des Gesetzgebers sich auf eine unbestimmte Vielzahl von Lebensfällen richtet, Individualität aber nur im Einzelnen und Vereinzelten, nicht in einer Zusammenfassung von Lebenserscheinungen hervortreten kann, wie sie dem Gesetz eigentümlich ist. Diese Überlegung wird durch einen Einblick in die Regelungssituation des Gesetzgebers des Näheren bestätigt. Was zunächst die Regelungsmaterie anbelangt, so wird der Gesetzgeber in der Hinsicht darauf stets rückblickend und vorausschauend verfahren. Im Rückblick auf das innerhalb seines Ordnungsbereiches vorliegende Erfahrungsmaterial faßt er diejenigen Lebenserscheinungen zusammen, die auf Grund übereinstimmender Merkmale als Sinneinheiten nach dem gesetzgeberischen Regelungsplan und Regelungszweck zusammengehören. Lebenskonkreta, die unter dem Blickpunkt ihrer rechtlichen Regelung Gemeinsamkeiten aufweisen, werden durch Typenbildung zusammengefügt[22]. Dabei geht der Gesetzgeber von Regel-Typen (z. B. Vertrags- und Deliktstypen) aus, die in allgemeinen und allgemeinsten Merkmalen übereinstimmen, berücksichtigt vielfach aber auch Sondertypen, die in einem über das Allgemeine hinausgehenden, bereits spezifischen Merkmalsbereich übereinstimmen und in ihrer Besonderheit gegenüber dem Regel-Typ rechtliche Beachtung erfordern (wie etwa der Handelskauf gegenüber dem allgemeinen Kauf, der Einbruchsdiebstahl im Verhältnis zum Grundtatbestand des Diebstahls). Daneben sind Ausnahme-Typen zu berücksichtigen, die – als Gegentypen gegenüber den Regeltypen – auf Grund übereinstimmender spezifischer Merkmale Anlaß geben, die Regeltyp-Behandlung zu durchbrechen, wofür als anschaulichste Beispiele die Typenbilder genannt werden können, die dem Strafgesetzgeber bei der Regelung der Strafausschließungsgründe (Notwehr, Notstand, Wahrnehmung berechtigter Interessen) vorschwebten. Immer ist es die „Typik der Lebensphänomene" (Engisch), die den Gesetzgeber bei der Sichtung des vorliegenden Erfahrungsmaterials beherrscht, und immer ist Typisierung des im Einzelnen Vielfältigen die gegebene

[22]) Vgl. Sauer, Methodenlehre, S. 158 ff. („Alles Formen und Gestalten eines Lebensinhalts geschieht schon begrifflich in Typen"); Engisch, Konkretisierung, S. 277 ff.

Methode bei der Übersicht und Ordnung der ihm aufgegebenen Regelungsmaterie[23]).

Nicht anders verhält es sich mit der in die Zukunft gehenden Blickrichtung des Gesetzgebers. Sein Regelungsplan ist vorausschauend; er soll künftige Lebensfälle ordnen, die sich sicher, wahrscheinlich oder möglicherweise ereignen werden. Dabei darf der Gesetzgeber im allgemeinen mit der Wiederkehr des Typischen, mit der – selbstverständlich unter dem Vorbehalt umstürzender Wandlungen der Lebensverhältnisse stehenden – Wiederholung der bisher beobachteten Typenerscheinungen rechnen. Er wird sich allerdings bewußt sein, daß die Vielzahl jener künftigen Lebensfälle stets eine mehr oder weniger große Merkmalsfülle des von ihm mit der Typenbetrachtung nicht erfaßten Konkreten, ja jeder Einzelfall auch Individualitäten aufweisen wird, und der Gesetzgeber wird sogar die Möglichkeit einbeziehen, daß gerade diese von rechtlicher Bedeutung sein können. Aber ihm ist es schlechterdings unmöglich, diese Individualitäten „in den Griff" zu bekommen. Voraussehen lassen sich, an Hand der auf der Beobachtung beruhenden Erfahrung, die Lebenserscheinungen nur in ihrem typischen Merkmalsbestand, nicht aber in ihrer Einzigartigkeit. Im Wesen des Individuellen liegt stets ein Überraschungsmoment, das sich daraus ergibt, daß dem menschlichen Voraussichtsvermögen der Einblick in die unendliche Mannigfaltigkeit der Ursachenverknüpfungen, in die unausschöpfbaren Kombinationen des Spiels von Fügung und Zufall, versagt ist. Das Individuelle erschließt sich zwar als Ereignis, im bereits geschehenen Vorgang oder in der gegebenen Zuständlichkeit einer Erscheinung, der unmittelbaren Anschauung, aber eben nicht der denkenden Vorausschau.

Entzieht sich die Individualität dem Regelungsplan des Gesetzgebers bereits infolge der Voraussetzungsgebundenheit in der Betrachtung des Regelungsstoffes, so auch des weiteren infolge der Bedingtheit der Mittel und Methoden seiner Regelung. Dem Gesetzgeber steht als Mittel seiner Rechtsetzung nur der „Begriff" zur Verfügung; dieser aber ist, indem er die Merkmale von Lebenserscheinungen zu einem Denk- oder Wesensgefüge zusammenfaßt, notwendig abstrahierend, absehend von den Individualitäten der ergriffenen und „begriffenen" Gegenstände. Der Begriff „tötet" – wie sehr treffend bemerkt worden ist[24]) – ganz zwangsläufig das eigentümliche Leben des einmalig Wirklichen.

Damit ergibt sich für den Gesetzgeber aus zwingender Notwendigkeit nicht nur eine generalisierende Betrachtung und Ordnung des Lebensstoffes, sondern auch eine schablonisierende Behandlung nach Tatbestand und Rechtsfolge. Von dem Nichtjuristen wird diese Nivellierung begreiflicherweise immer wieder als anstößig empfunden, insbesondere von dem der Individualisierung verschworenen Ethiker. Wir verspüren die Tiefe

---

[23]) Vgl. dazu H. J. Wolff, Studium Generale, 1952, S. 200.

[24]) Engisch, Konkretisierung, S. 200.

dieses Unmuts in jener bekannten Äußerung Schillers[25]) über das Gesetz: „Alles will es nur e b e n machen, / Möchte gern die Welt verflachen". Dabei wird jedoch verkannt, daß der Gesetzgeber, selbst wenn er sich, in unzulässiger Einseitigkeit gegenüber der Vielfalt der Rechtsidee, ausschließlich am Gedanken der individualisierenden Gerechtigkeit und Zweckmäßigkeit orientieren wollte, in der ihm aufgegebenen Art der Rechtsetzung gar nicht bis zur Erfassung des Individuellen vordringen k a n n.

Allerdings steht dem Gesetzgeber bei seiner Tatbestandsbildung ein weiter Spielraum zwischen dem ganz Abstrakten und dem zwar auch Abstrakten, aber doch der Individualität bereits weitgehend angenäherten „Konkreten" zur Verfügung, so wie er etwa in der Begriffsreihe „Verbrechen" – „Diebstahl" – „Einbruchs- oder Nachschlüsseldiebstahl" sichtbar wird. Es ist daher gerechtfertigt, wenn in der methodologischen Sprache zwischen „abstrakten" (d. h. in hohem Grad von der Merkmalsfülle der Wirklichkeit abgezogenen) und „konkreten" (d. h. eine große Merkmalsfülle enthaltenden) Begriffen[26]) unterschieden wird. Es kann sich in diesem Zusammenhang nicht darum handeln, auf die Möglichkeiten und Arten der gesetzgeberischen Begriffsbildung einzugehen[27]); es mag hier genügen, daß auf die Unterscheidung von „natürlichen", „deskriptiven", „normativen" und „regulativen" Begriffen hingewiesen wird[28]). Wichtig ist für unsere Betrachtung, welche Wirkung die „Konkretheit" und die „Abstraktheit" dieser Begriffe bei der Gesetzesanwendung durch den Richter und Verwaltungsbeamten, bei dem Akt der Transformation des Rechtssatzes in die konkrete Entscheidung oder Maßnahme, und zwar im Hinblick auf die Individualität des zu regelnden Falles, ausübt.

Hier ergibt sich die zunächst paradox erscheinende Feststellung, daß, je „konkreter" und damit bestimmter und merkmalsreicher ein Begriff ist, um so sicherer und entschiedener die Berücksichtigung der Individualität des ihm zu subsumierenden Lebensfalles ausgeschlossen wird, während der „abstrakte" und unbestimmte Begriff bei der Gesetzesanwendung in dem Maß seiner „Abstraktheit" das Eingehen auf die individuelle Gestaltung des Falles erlaubt oder sogar erfordert[29]). Der unter Befolgung der kasui-

---

[25]) Braut von Messina, 1. Akt, 8. Auftritt.

[26]) Vgl. dazu E n g i s c h , Konkretisierung, S. 50 ff.; J e r u s a l e m , Kritik der Rechtswissenschaft, S. 175.

[27]) Daß in der Gesetzgebung Kasuistik und Richtliniengebung wechselseitig aufeinander angewiesen sind, hat F. v. H i p p e l in seiner Studie über „Richtlinie und Kasuistik im Aufbau von Rechtsordnungen" (1942) treffend dargelegt.

[28]) Ausgezeichnet die Übersicht bei E n g i s c h , Einführung in das juristische Denken, S. 106 ff. Dort werden allerdings die „regulativen" Begriffe nicht erwähnt, obwohl sie eine besondere und bedeutende Funktion in der Gesetzgebung erfüllen. Sie wird weiter unten bei den Ausführungen zu den Generalklauseln hervorgehoben werden.

[29]) Dies hat bereits M. E. M a y e r , Rechtsphilosophie (1926), S. 84/85 hervorgehoben: „Wenn die Normen f r e i h e i t für die (scil. individualisierende) Gerechtigkeit charakteristisch ist, muß die Normen w e i t e das Mittel sein, der (scil. individualisierenden) Gerechtigkeit nahe zu kommen; je weiter die Norm gefaßt wird, ... desto sicherer wird die Würdigung aller Besonderheiten des Einzelfalles vorbereitet."

stischen Methode herausgearbeitete Begriff umfaßt eine Gruppe oder Klasse von Fällen, deren Merkmalsübereinstimmung in dem Begriff so deutlich und zwingend hervortritt, daß bei dem Subsumtionsakt des Rechtsanwenders die darüber hinausgehende Merkmalsfülle des Individuellen meist außer Betracht gesetzt wird. Der dagegen nach der generalisierenden Methode weitgefaßte, also sehr abstrakte und dadurch merkmalsarme und unbestimmte Begriff verlangt in der Anwendung danach, mit dem Leben des Besonderen und Einmaligen der Wirklichkeitserscheinung erfüllt zu werden. Die Chance der Wirkkraft des Individuellen auf die konkrete Entscheidung des Lebensfalles ist also um so größer, je abstrakter der Gesetzesbegriff ist. Dies gilt in gleicher Weise für die „natürlichen" wie für die „normativen" Begriffe. Unterstellen wir z. B., daß die Strafbarkeit eines deliktischen Verhaltens durch die Begehung bei Dunkelheit qualifiziert werden soll. Wenn es dem Gesetzgeber darauf ankommt, das qualifizierende Moment mit einer solchen Bestimmtheit herauszuarbeiten, daß eine eindeutige Subsumtion durch logischen Schluß möglich wird, kann er sein gesetzgeberisches Motiv dadurch verwirklichen, daß er diejenige Zeitspanne angibt, in der nach den für das betreffende Gebiet geltenden Erfahrungen Dunkelheit zu herrschen pflegt, ein Regelungsverfahren, dessen Unzulänglichkeit jedoch offen zutage liegt. Es hat nämlich zur Folge, daß die Anwendung der Qualifikation ausgeschlossen wird bei Tatbegehungen, die, wenn auch nur geringfügig, außerhalb der angegebenen Zeitspanne liegen, während sie andererseits unberührt bleibt bei Tatbegehungen, die sich zwar innerhalb der Zeitspanne ereignet haben, jedoch im Hinblick auf die Lichtverhältnisse unter besonderen Umständen (die Dunkelheit war durch klaren Mondschein sehr erheblich herabgesetzt) oder gar unter ganz individuellen Gegebenheiten (der Schauplatz der Tat war durch eine gerade vorhandene Lichtquelle hell erleuchtet) vorgenommen worden sind. Das Beispiel zeigt, daß die Individualität des Falles durch die Bestimmtheit der Tatbestandsbildung geradezu vergewaltigt werden und daß diese Tatbestandstechnik bei gesetzestreuer Subsumtion zu materiellen Fehlbeurteilungen führen kann. Dem entgeht der Gesetzgeber, wenn er in unserem Beispiel als Qualifikationsmoment einfach die „Dunkelheit" bezeichnet, womit er der Individualität der Fallgestaltung Zugang zur konkreten Entscheidung verleiht, diese allerdings sowohl hinsichtlich der tatsächlichen Feststellung der Lichtverhältnisse wie auch hinsichtlich ihrer Beurteilung ins Ungewisse rückt. – Was hier an einem „natürlichen" Begriff demonstriert wurde, trifft in gleicher Weise auf die „normativen" Begriffe zu, d. h. diejenigen Begriffe, die ihre Bedeutung in der Welt der Normen haben[30]). Nehmen wir an – um ein Beispiel zu bloßen Demonstrations-

---

[30]) Eine engere Deutung dieses Begriffes vertritt Engisch, Einführung in das juristische Denken, S. 110 ff., indem er ihn auf die Gruppe der „wertausfüllungsbedürftigen" Begriffe beschränkt. Allein es gibt normhaltige Begriffe („Schwägerschaft", „Ehe", „Verlöbnis"), die nicht wertausfüllungbedürftig sind und die

zwecken zu haben –, ein Gesetzgeber wolle als Ehescheidungsgrund die urteilsmäßig festgestellte Begehung eines „Verbrechens" (im technischen Sinn des StGB) durch einen der Ehepartner anerkennen. Dann würde er damit zwar die tatbestandliche Subsumtion des Ehescheidungsgrundes sicherstellen, seine Lösung aber dem Bedenken aussetzen, daß sie die Berücksichtigung „mildernder Umstände", selbst wenn sie im Strafurteil anerkannt sind, ausschließt, weil sie auf den formalen Verbrechenscharakter der Tat keinen Einfluß haben. Dieser Mißlichkeit kann der Gesetzgeber entgehen, wenn er den Ehescheidungsgrund mit dem unbestimmten Begriff der „schweren Straftat" oder gar mit dem ganz unbestimmten Tatbestandsmerkmal „ehrloses Verhalten" bezeichnet, womit er dann allerdings wiederum die Unsicherheit der Einzelfallbeurteilung eröffnet. – Beide Beispiele sollten, worauf es in diesem Zusammenhang allein ankommt, dartun, daß Abstraktheit und Weite der Gesetzesbegriffe es ermöglichen, so viel von den besonderen und einzigartigen Merkmalen des Einzelfalles in die rechtliche Beurteilung einzubeziehen, als es für diese erheblich erscheint.

Wenn zunächst darauf hingewiesen wurde, daß die Individualität des Falles der Regelung des Gesetzgebers selbst entzogen ist, so muß nunmehr, um das Bild der gesetzgeberischen Situation vollständig zu machen und zurechtzurücken, hervorgehoben werden, daß es dem Gesetzgeber keineswegs an der Möglichkeit fehlt, auf die Beachtung der Individualität bei der schließlichen Rechtsverwirklichung Einfluß zu nehmen. Er kann diesen Einfluß dadurch ausüben, daß er seiner schablonisierenden Regelung dort Grenzen setzt, wo er mit rechtlich beachtlichen Individualitäten der Lebensfälle rechnet, deren Eigenart und Mannigfaltigkeit zwar seinem vorausschauenden Blick verschlossen ist, deren Eintritt als solcher ihm aber sicher, wahrscheinlich oder möglich erscheint. Er kann dieser Einsicht nur durch Zurücksteckung seines Normierungsplanes gerecht werden, also dadurch, daß er etwas nicht oder nicht erschöpfend regelt. Am stärksten und sichtbarsten tritt dieser Verzicht dort in Erscheinung, wo der Gesetzgeber wegen der Unzugänglichkeit einer Regelungsmaterie für die generalisierende Behandlung offene Lücken in seiner Normgebung läßt, so daß im gesetzesfreien Raum sich richterliches Fallrecht entwickeln kann. Aber eines so durchgreifenden Verzichtes durch Offenlassung ganzer Regelungsmaterien bedarf es nicht ohne weiteres, um der Einzelfallgerechtigkeit gebührende Beachtung zu verschaffen. Dies kann auch dadurch erreicht werden, daß der Gesetzgeber in seinen Normen selbst, nämlich in weitgefaßten Tatbestandsbegriffen, freien Raum läßt, in den die Individualität des Falles als Beurteilungselement sozusagen hineinschlüpfen kann. Indem der Gesetzgeber

---

man infolgedessen nicht unterbringen kann, wenn man keinen weitergefaßten „normativen" Begriff anerkennt. Zu den „natürlichen" Begriffen gehören sie sicher nicht.

solche „ausfüllungsbedürftigen" Begriffe verwendet, gibt er dem Rechtsanwender die Anweisung oder die Ermächtigung, bei der Rechtsverwirklichung auf diejenigen dem Einzelfall eigentümlichen Merkmale Bedacht zu nehmen, die sich der generalisierenden Vorwegbeurteilung des Gesetzgebers entziehen.

Um eine solche – wenn auch nicht ausdrückliche und nicht offene – Delegation der Regelungsaufgabe an den Rechtsanwender handelt es sich bei den uns hier interessierenden „wertausfüllungsbedürftigen" Begriffen[31]). Ihr „normatives Volumen" (Engisch) wird nicht durch den Gesetzgeber, sondern erst durch den Rechtsanwender auf Grund der Beachtung aller relevant erscheinenden Umstände des Einzelfalles bestimmt. Als Beispiele dafür werden genannt[32]): grober Unfug, unzüchtige Handlung, Beschimpfung, Gotteslästerung, Mißhandlung, gewissenloses Verhalten, ehrlose Gesinnung, grober Eigennutz, auffälliges Mißverhältnis zwischen Leistung und Gegenleistung, erhebliche Belästigung, unangemessener Gebrauch, wichtiger Grund u. a. Ihnen allen ist eigentümlich, daß ihr Begreifen sich nicht oder nicht ausschließlich im Prozeß eines logischen Denkens, sondern letztlich durch einen Wertungsakt vollzieht. Dieser ist das Gegenteil einer Subsumtion des Sachverhaltes unter eine Gesetzesnorm, wie sie den Regelfall der Gesetzesanwendung darstellt. Subsumtion ist die Herausnahme des Falles aus seiner Einzelheit und Einzigartigkeit, In-Beziehung-Setzen zu anderen Fällen oder Fallgruppen, Vergleichen und Gleichsetzen mit deren übereinstimmenden Merkmalen, Verallgemeinern, was alles ein Abstrahieren von der Individualität des Falles bedingt[33]). Der Wertungsakt dagegen vollzieht sich nicht in einem diskursiven und abstrahierenden Denkprozeß, sondern in einem, zwar nicht nur irrational bestimmten, sondern auch rational bedingten, aber doch intuitiven Urteil, das ganz auf der unmittelbaren Anschauung der gesamten Merkmalsfülle des Lebenssachverhaltes beruht. Die Anwendung werthaltiger und „wertausfüllungsbedürftiger" Gesetzesbegriffe erfordert deshalb eine Hinwendung zur Individualität des Falles; das ausschlaggebende Beurteilungsmaterial liefern die Einzelfallgegebenheiten[34]). Zugespitzt und vereinfachend kann man sagen: logische

---

[31]) Mit Recht bezeichnet Engisch, Einführung in das juristische Denken, S. 111, dieses Wort als „schrecklich"; aber es bezeichnet den Vorgang der hier stattfindenden Rechtsanwendung doch recht treffend: Der Begriff bedarf einer Ausfüllung durch Wertbetrachtung.

[32]) Vgl. etwa Schröder, Gutachten für den 41. Deutschen Juristentag (1955), S. 63.

[33]) Zutreffend Engisch, Konkretisierung, S. 199/200.

[34]) Darüber besteht in der Literatur kein Zweifel. Schröder a. a. O., S. 63 sagt von den „wertausfüllungsbedürftigen" Begriffen, daß sie „den Richter zu einer individuellen Wertentscheidung auffordern"; es komme auf die Einzelentscheidung an, bei der „ein Bündel individueller Wertgesichtspunkte zu einer für diesen Fall bedeutsamen Entscheidung führt". Unter der „individuellen Wertentscheidung" ist die auf den Einzelfall bezogene Wertung gemeint, nicht die dem individuellen Wertempfinden des Richters entsprechende Entscheidung. Die Frage, inwieweit die Individualität des Beurteilers bei der Wertung eine Rolle spielt bzw. spielen darf, kann hier nicht erörtert werden.

Subsumtion führt von der Individualität des Falles hinweg, Wertung zu ihr hin. Wertbetrachtung ist nicht abstrahierend, sondern konkretisierend und individualisierend. Den entscheidenden Beitrag zur Rechtsverwirklichung leistet hier der Rechtsanwender. Vom Gesetzgeber aus und von seiner allgemeinen Regelungsaufgabe her betrachtet, sind die Tatbestände mit „wertausfüllungsbedürftigen" Begriffen im Grunde keine vollgültigen „Tatbestände", da sie die Begriffsbildung nicht, wie es der regelmäßigen gesetzgeberischen Erwartung entspricht, abschließend vollziehen. Unter dem Aspekt dieser Betrachtung hat man sie deshalb als bloßes „Rohprodukt" einer Norm bezeichnet[35]), deren Endprodukt der Rechtsanwender durch konkretisierendes Werturteil an Hand des Einzelfalles herauszuarbeiten hat. Für unser Thema ist jedenfalls wichtig, daß sich in diesem Wertungsakt als Konkretisierungsvorgang die Individualität des Lebenssachverhaltes aufs stärkste geltend zu machen vermag[36]).

Eine noch stärkere Delegation des Gesetzgebers an den Rechtsanwender zur Einzelfallbeurteilung enthält die Verwendung von Generalklauseln. Wir begrenzen unsere Betrachtung auf die „klassischen" Generalklauseln, wie sie in den Formeln von „Treu und Glauben", von den „guten Sitten" und der „Billigkeit" sowie der „Zumutbarkeit" und „Unzumutbarkeit" zum Ausdruck kommen[37]). Um ihre Bedeutung für unser Thema herauszustellen, wird es zweckmäßig sein, zunächst an den wesentlichen Anwendungsbereich der einzelnen Klauseln zu erinnern.

Die Formel, die den Verstoß gegen die „guten Sitten" zum Inhalt hat, tritt in der Gesetzgebung überall dort hervor, wo der Gesetzgeber sich außerstande sieht, den Fallbereich widerrechtlichen, haftungsbegründenden Verhaltens durch begrifflich subsumierbare Tatbestandsbildung erschöpfend zu erfassen, weil es ihm unmöglich ist, bis zu denjenigen Fällen vorzudringen, bei denen die Individualität der Fallgestaltung für die Abgrenzung des rechtlich erträglichen Verhaltens vom rechtswidrigen maßgeblich ist. Sein Verzicht auf eigene Normbildung ist hier am stärksten und sichtbarsten, wenn er den Verstoß gegen die „guten Sitten" als allgemeine Haftungsgrundlage vorwegnimmt und diese Richtlinie lediglich durch einige beispielgebende kasuistische Haftungsgründe ergänzt, wie dies bei der Behandlung des unlauteren Wettbewerbs der Fall ist (§§ 1–4 UWG). Aber der Verzicht auf abschließende Normbildung kommt auch dort zum Ausdruck, wo der Gesetzgeber zwar haftungsbegründende Tatbestände unerlaubten Verhaltens vorausschickt, sie aber durch eine Auffang-Klausel ergänzt, die es ermöglichen soll, die tatbestandlich nicht typisierten und

[35]) Schröder a. a. O., S. 66.

[36]) Darauf wird bei der Erörterung des Verhältnisses des Rechtsanwenders zur Individualität zurückzukommen sein; vgl. S. 43 ff.

[37]) Einen weiteren Begriff der „Generalklausel", der auch unbestimmte „natürliche" Begriffe und die das Rechtsfolgeermessen freigebenden Begriffe umfassen kann, verwendet Engisch, Einführung in das juristische Denken, S. 118 ff.

typisierbaren Fälle durch individualisierende Betrachtung zu erfassen. Hierzu dient ihm, wie die Haftungsvorschriften des BGB zeigen, nicht nur die Formel vom Sitten-Verstoß (§ 826 BGB), sondern auch die Berufung auf die „Billigkeit", insbesondere in der Begründung der Billigkeitshaftung, die den – von den vorausgehenden Haftungstatbeständen nicht erfaßten – schadenstiftenden Deliktsunfähigen trifft, wenn und soweit seine Haftung „nach den Umständen, insbesondere nach den Verhältnissen der Beteiligten", angemessen ist (§ 829 BGB)[38].

Während der Hinweis auf die „guten Sitten" diejenigen Anforderungen bezeichnet, die allgemein an das Verhalten im Sozialleben, nämlich den anderen als „Dritten" gegenüber, einzuhalten sind, umschreibt der Hinweis auf „Treu und Glauben" die erhöhten Anforderungen, die an die Partner einer „rechtlichen Sonderverbindung"[39] zu stellen sind, an diejenigen, die in einer konkreten Rechtsbeziehung stehen oder sie anzuknüpfen im Begriff sind. Die Formel bezeichnet die Verpflichtung, ein bestimmtes Vertrauen zu rechtfertigen, das die Grundlage des bestehenden oder sich anbahnenden Rechtsverhältnisses bildet. Daraus, daß dieses Bedürfnis der Bindung innerhalb der rechtlichen Partnerschaft am greifbarsten beim Schuldverhältnis in Erscheinung tritt, erklärt sich der gesetzgeberische Ort und Ausgangspunkt der Treu- und Glaubens-Klausel (§ 242 BGB). Da aber in ihr das allgemeine Bedürfnis der Bindung rechtlicher Partnerschaft an die sozial-ethischen Verhaltensnormen überhaupt zum Ausdruck kommt, erklärt es sich ebenso, daß die Anwendung dieser Klausel ganz zwangsläufig und unaufhaltsam, der Taktik des Ölflecks auf dem Wasser gleich, auf andere Rechtsbereiche übergegriffen hat, zunächst auf das ganze bürgerliche Recht, dann auf das Privatrecht im weiteren Sinn, und schließlich auch auf das öffentliche Recht, das Prozeßrecht, Verwaltungs-, Steuer- und Beamtenrecht[40]), so daß wir es

---

[38]) Esser, Schuldrecht S. 474, spricht hier von „richterlicher Ermächtigung zur Zuteilung und Aufteilung des Schadens nach konkreter Zumutbarkeit jenseits der sonst festen Einheitsregeln". Kriterium der Abwägung sind allgemein die Verhältnisse der Beteiligten, noch allgemeiner: die Umstände schlechthin. Namentlich soll auch Gesinnung und persönliches Verhalten, nicht nur die wirtschaftliche Tragfähigkeit, berücksichtigt werden. Eine allgemeine Richtlinie für die Beurteilung der Haftungsfrage gibt es nicht. „Die Billigkeitshaftung widersteht den Versuchen einer systemsuchenden Theorie zur Erklärung der Haftung aus Einheitsprinzipien".

Vgl. auch Larenz, Schuldrecht II (1956) S. 331, der als Beurteilungsfaktoren beispielsweise hervorhebt: „Die Gefährlichkeit des Verhaltens des Unzurechnungsfähigen und das Maß der bei ihm etwa vorhandenen Einsicht und Willensherrschaft, die Art und Schwere der Verletzung sowie die wirtschaftlichen Verhältnisse sowohl des Schädigers wie des Verletzten, wobei das Vorhandensein oder Fehlen eines Versicherungsschutzes wohl auf beiden Seiten zu berücksichtigen ist."

Die beiden Belegstellen veranschaulichen die Vielgestaltigkeit der individuellen Momente, die für die Beurteilung der Billigkeitshaftung maßgeblich werden können.

[39]) So Larenz, Schuldrecht I, S. 79/80.

[40]) Diesen Vorgang schildert Hedemann, Die Flucht in die Generalklausel (1933) S. 15 ff.

heute mit einer Generalklausel zu tun haben, die das gesamte Rechtsgebiet beherrscht, soweit es „rechtliche Sonderverbindungen" zum Gegenstand hat. Für das Verhältnis von Recht und Individualität ist dabei nicht nur die wachsende räumliche Ausdehnung der Treu- und Glaubens-Klausel von Bedeutung, sondern im gleichen Maße die – ebenfalls unvorhergesehene – Steigerung des Intensitätsgrades, die die Auswirkung der Klausel im Verhältnis zum vorhandenen Normenrecht erfahren hat. Ursprünglich war ihr vom Gesetzgeber nur die Funktion einer konkretisierenden und individualisierenden Ergänzung des gesetzlichen Normenkomplexes zugedacht. Man ging davon aus, daß die typisierende Regelung des Gesetzes nicht die Gesamtheit der Rechte und Verbindlichkeiten aus einem Schuldverhältnis bezeichnen kann, sondern daß es darüber hinaus vielfach auch noch einer konkreten Bestimmung des Rechts- und Pflichtinhalts bedarf, die sich nur aus den Gegebenheiten des Einzelfalles treffen läßt[41]. Ergänzung der gesetzgeberischen Regelungsmaterie, Fortsetzung des gesetzlichen Regelungsplanes durch Entwicklung des in der Treu- und Glaubens-Klausel enthaltenen Individualisierungselementes, dies war die dem § 242 BGB zugedachte – im Hinblick auf unser Thema wahrlich bereits höchst bedeutsame – Funktion. Aber dabei blieb es nicht und konnte es nicht bleiben, da sich die in unserer Klausel liegende dynamische Kraft in der Funktionssteigerung und -ausdehnung ganz zwangsläufig ebenso geltend machen mußte wie in dem räumlichen Übergreifen auf stets weitere Rechtsbereiche. Von der Funktion der Normergänzung war, den aus den Lebensverhältnissen heraus aufkommenden Bedürfnissen entsprechend, nur ein Schritt zur Verwendung der Klausel auch als Mittel zur Korrektur gesetzlicher Norminhalte, und diese korrektive Funktion mußte schließlich dazu führen, daß die Klausel auch als Mittel eingesetzt wurde, die zu starre oder sonst unerträgliche Gesetzesnorm für Fallgruppen oder Einzelfälle ganz zu durchbrechen, der Klausel also insoweit derogative Wirkung zuzusprechen. Gesetzesergänzung, Gesetzeskorrektur, Gesetzesdurchbrechung – damit ist die funktionelle Steigerung und Ausweitung des § 242 BGB in den Grundzügen gekennzeichnet. Sicherlich kann diese Dynamik der Klausel nicht auf eine einzige Wirkungsreihe zurückgeführt werden; sie entwickelte sich aus der Konfrontierung des Normenrechts mit sehr verschiedenen Erscheinungen, teils Massenerscheinungen, wie sie in der Geldentwertung und anderen umstürzenden Veränderungen der wirtschaftlichen Verhältnisse zutage traten, teils grundlegenden Wandlungen der sozialethischen Anschauungen, teils aber auch aus der Gegenüberstellung des „abnormen" Einzelfalles mit der ihm nicht gerecht werdenden Gesetzesnorm[42]. Soweit

[41]) Die Motive zum BGB, Band 2 S. 26, besagen dazu: „Es ist weder dem Gesetz noch für die Regel dem Geschäftsverkehre möglich, den Umfang und Inhalt einer Schuldverbindlichkeit nach allen Richtungen und Nebenpunkten genau zu beschreiben, vollständig läßt sich der Inhalt einer Leistungsverbindlichkeit nur im konkreten Fall erkennen."

[42]) Vgl. dazu die instruktiven Beispiele bei v. Hippel, Richtlinie und Kasuistik, S. 12 ff.

§ 242 BGB die Funktion erhält, um der Einzelfallgerechtigkeit willen die in der Norm gesetzte Regel außer Kraft zu setzen, bedeutet er die Durchbruchsstelle dessen, was wir als „Billigkeitsrecht" bezeichnen. Wir verstehen dabei unter „Billigkeit" diejenige Tendenz der Rechtsidee, die – in dem Spannungsfeld der verschiedenen Rechtserwägungen und rechtlichen Strebungen – die individualisierende Gerechtigkeit zum Durchbruch gelangen läßt, sei es auch unter Auflockerung, Korrektur oder gar Beiseiteschiebung einer im Gesetz festgelegten Norm. Wenn dem alten Sprichwort „Billigkeit meistert das Recht" ein greifbarer Sinn beigelegt werden kann, wäre es der, daß die Einzelfallgerechtigkeit dort, wo sie den Vorrang beanspruchen darf, das Gefüge des Normenrechts auflockert und notfalls durchbricht. In der von der „Billigkeit" im äußersten Fall geforderten Durchbrechung der Gesetzesnorm äußert sich die Übermacht des Individuellen gegenüber dem Allgemeinen; hier vollzieht sich die Kapitulation des vorausplanenden Gesetzes vor der Individualität des „ungewöhnlichen" Falles.

Dem in positivistischen Anschauungen befangenen Gesetzgeber der Jahrhundertwende sind die Geister, die er mit der Einführung des § 242 BGB rief, über den Kopf gewachsen: glaubte er, die Treu- und Glaubens-Klausel in die dienende Rolle der bloßen Normenergänzung einweisen zu können, so hat sich gezeigt, daß sie darüber weit hinaus zur Beherrscherin des Normenrechts geworden ist, das sie in weitem Umfang modifiziert und unter gewissen Bedingungen sogar außer Kraft setzt.

Der Gesetzgeber unserer Zeit geht manchmal von vornherein davon aus, daß seine Regelungsmöglichkeiten begrenzt sind und daß er bei seinem Regelungsplan auf unüberwindliche Schwierigkeiten insbesondere dort stößt, wo er sich in Bereiche zweifelhafter Rechts- und Pflichtenabgrenzung begibt, deren Bestimmung sich der begrifflichen Tatbestandsbildung entzieht. In solchen Bereichen, die ein „nichtformulierbares Element des Lebens"[43]) enthalten, vor allem im Hinblick auf die unsicheren Grenzgebiete, in denen die Festlegung der Reichweite von Handlungs- (Leistungs-) pflichten und Duldungspflichten bzw. der ihnen auf der anderen Seite entsprechenden Rechte nicht durch eine (generelle) Norm getroffen werden kann, beschränkt der heutige Gesetzgeber sich auf eine allgemeine Richtlinie, die dem Rechtsanwender die konkrete Bestimmung der Rechts- und Pflichtgrenze unter Berücksichtigung aller Umstände des Einzelfalles offenläßt. Als eine solche Richtlinie für die konkrete Grenzziehung verwendet er vielfach die Formel von der „Zumutbarkeit" oder „Unzumutbarkeit" eines Tuns oder Unterlassens[44]). In immer weiterem Umfang hat diese Richtliniengebung in unserer Gesetzgebung Eingang gefunden, so daß die Zumutbarkeits-Klausel, zumal wenn man ihre noch zu erwähnende Bedeu-

---

[43]) Vgl. Stödter, Öffentlich-rechtliche Entschädigung (1933), S. 209 ff.

[44]) Vgl. dazu Henkel, Zumutbarkeit und Unzumutbarkeit als regulatives Rechtsprinzip, Festschrift für Mezger (1954), S. 249 ff.; daselbst weitere Literaturangaben.

tung in der Rechtsprechung mitberücksichtigt, der Treu- und Glaubens-Klausel eine gewisse Konkurrenz macht. Als Beispiele für ihre Verwendung können insbesondere moderne Spezialgesetze wie das Energiewirtschaftsgesetz von 1935, die Mietgesetze, das Kündigungsschutzgesetz von 1951, das Vertragshilfegesetz von 1952 genannt werden[45]). Aber auch in die Novellenbestimmungen unserer großen Kodifikationen hat die Zumutbarkeits-Formel Eingang gefunden, sogar in die Prozeßordnungen, die der Auflockerungstendenz der Generalklauselgesetzgebung wenig zugänglich sind. Wenn hier die Pflicht zum Erscheinen vor Gericht für Parteien (§ 141 ZPO) sowie für Zeugen und Sachverständige (§§ 223 II, 251 I Z. 3, 66 Z. 4 StPO), aber auch die Pflicht zur Duldung körperlicher Untersuchungen (§ 372 a ZPO, § 81 c StPO) von Erwägungen der „Zumutbarkeit" abhängig

---

[45]) Das Energiewirtschaftsgesetz vom 13. 12. 1935 (RGBl. I, 1451) verpflichtet Energieversorgungsunternehmen (Elektrizitäts- und Gaswerke), die ein bestimmtes Gebiet versorgen, zu allgemeinen Bedingungen und Tarifpreisen jedermann an das Versorgungsnetz anzuschließen und zu versorgen (§ 6 I). Diese Pflicht bedarf aber naturgemäß der Einschränkung, wobei allerdings die Gründe dafür sich jedenfalls nicht erschöpfend gesetzlich typisieren lassen. Es heißt daher u. a. (§ 6 II Ziff. I), die allgemeine Anschluß- und Versorgungspflicht bestehe nicht, wenn dem Unternehmen der Anschluß oder die Versorgung im Einzelfall aus wirtschaftlichen Gründen „nicht zugemutet werden kann". Welche Umstände dies bewirken können, läßt sich generell nicht sagen; das Gesetz hebt lediglich hervor, daß die Gründe für die Unzumutbarkeit „auch in der Person des Anschlußnehmers liegen können". § 8 des gleichen Gesetzes sieht die Möglichkeit vor, leistungsunfähigen Versorgungsunternehmen den Betrieb zu untersagen und mit der Energieversorgung ein anderes Unternehmen zu beauftragen, dies allerdings nur, wenn und soweit diesem die Übernahme der Versorgungsaufgabe „zugemutet werden kann".

In den Mietgesetzen spielt die „Zumutbarkeit" folgende Rolle: Nach § 1 der VO vom 7. 11. 1944 (RGBl. I, 319) kann das Mieteinigungsamt, wenn bei einem beabsichtigten Wohnungstausch ein Teil der Mieter seine Zustimmung verweigert, einen Wohnungstausch anordnen, falls dieser den zur Räumung ihrer Wohnung verpflichteten Mietern „nach der gesamten Sachlage billigerweise zuzumuten ist". Nach dem Geschäftsraummietengesetz vom 25. 5. 1952 (BGBl. I, 338) ist der Mieterschutz für Geschäftsräume aufgehoben, die Ausübung des Kündigungsrechts also freigestellt. Der Gesetzgeber hat es jedoch für angebracht gehalten, gewisse Einschränkungen zu machen, indem er nach erfolgter Kündigung des Vermieters dem Mieter die Möglichkeit einräumt, aus gewissen Gründen, insbesondere bei Drohen erheblicher wirtschaftlicher Nachteile, den Widerruf der Kündigung zu verlangen. Doch gibt es von dieser Ausnahme wiederum eine Ausnahme, die die Regel wiederherstellt: die Kündigung des Vermieters soll trotz Widerrufsverlangens des Mieters als wirksam anerkannt werden, „wenn dem Vermieter die Fortsetzung des Mietverhältnisses nicht zugemutet werden kann" (§ 8 I).

Das Kündigungsschutzgesetz vom 10. 8. 1951 (BGBl. I, 499) erkennt sozial ungerechtfertigte Kündigungen nicht an, gibt jedoch auch in einem Fall unwirksamer Kündigung durch den Arbeitgeber dem Arbeitnehmer die Möglichkeit, die Fortsetzung des Arbeitsverhältnisses, soweit diese nunmehr ihm „nicht zuzumuten ist", abzulehnen; das Arbeitsgericht hat dann, wiederum auf Grund konkretisierender Begrenzung der Vertragspflicht, das Arbeitsverhältnis aufzulösen und eine Abfindungssumme zugunsten des Arbeitnehmers festzusetzen.

Nach der Regelung des Vertragshilfegesetzes vom 26. 3. 1952 (BGBl. I, 198) können Verbindlichkeiten, die vor dem 21. 6. 1948 begründet sind, auf Antrag des Schuldners im Wege richterlicher Vertragshilfe gestundet oder herabgesetzt werden, wenn und soweit die fristgemäße oder die volle Leistung dem Schuldner bei gerechter Abwägung der Interessen und der Lage beider Teile nicht zugemutet werden kann.

gemacht wird, zeigt dies, wie stark der Einfluß der Individualisierungstendenz in unserer Gesetzgebung sich bemerkbar macht.

Damit stehen wir vor der Aufgabe, die grundlegende Bedeutung der „klassischen" Generalklauseln für das Verhältnis von Recht und Individualität noch etwas genauer zu präzisieren. Hier ist zunächst ihre Beziehung zu den „wertausfüllungsbedürftigen" Begriffen zu berühren und hervorzuheben, daß sie im Grunde nur eine besondere Gruppe dieser allgemeineren Begriffsart darstellen. Was die Generalklausel von den „wertausfüllungsbedürftigen" Begriffen abhebt, ist nicht nur ihre größere Unbestimmtheit[46]), sondern wesentlich etwas anderes: die Offenheit der bei ihnen zutage tretenden regulativen Funktion. Dies wird deutlich, wenn man den Gegensatz von „Norm" und „Regulativ" – in vielleicht übertreibender Zuspitzung – hervorhebt[47]): Der „Norm" ist eigentümlich, daß sie durch Regelgebung Entscheidungsobersätze ausprägt, die durch Normanwendung auf den Einzelfall verwirklicht werden; sie antizipiert dadurch die Beurteilung des Einzelfalles, indem sie dem Normanwender durch ein hypothetisches Urteil Entscheidungsinhalte in die Hand gibt, die für die Einzelentscheidung konstitutiv sind. Im Gegensatz dazu enthält das „Regulativ" keinen Entscheidungsobersatz, keinen anwendbaren Beurteilungsmaßstab, sondern eine bloße Verweisung, und zwar eine doppelte Verweisung: a) an einen Ordnungsbereich, dem der Beurteilungsmaßstab zu entnehmen ist, b) an eine Instanz, die diese Beurteilung durchzuführen hat. Es enthält zugleich eine Anweisung zum Zurückgehen auf die konkrete Lebenserscheinung, aus der die Beurteilung erst gewonnen werden soll. Verwendet nun der Gesetzgeber eine regulative Klausel, so bedeutet das nicht Normgebung für eine Mehr- oder Vielzahl künftiger Lebensfälle, sondern im Gegenteil Verzicht auf Normgebung[48]) unter der Anweisung an den Gesetzesanwender, aus dem Einzelfall das zu realisierende Recht zu entwickeln.

Geht man von diesem Gegensatz zwischen „Norm" und „Regulativ" aus, so erscheinen „wertausfüllungsbedürftige" Begriffe wie „Unzucht", „Unfug" u. a. in einer eigentümlich zwielichtigen Bedeutung: sie können den Anschein erwecken, als enthielten sie „Norm"-Inhalte, die innerrechtlich subsumierbar seien, während sie doch in versteckter Weise eine durchaus regulative Funktion ausüben, indem sie auf eine metarechtliche Ordnung der geschlechtlichen „Zucht", des im Sozialleben „Füglichen" usw. verweisen, eine Ordnung, aus der allein der für den Einzelfall verwertbare Beurteilungsmaßstab gewonnen werden kann. Ganz offen und unverkennbar aber tritt diese regulative Funktion bei den klassischen Generalklauseln zutage; sie verweisen den Gesetzesanwender auf eine außerrechtliche Ordnung, wie sie durch die Anforderungen der Sozialethik, insbesondere

---

[46]) Darauf stellen es ab: H e d e m a n n , a. a. O., S. 53, und E n g i s c h , Einführung in das juristische Denken, S. 119, 121.

[47] Vgl. dazu H e n k e l , a. a. O., S. 303.

[48] H e d e m a n n , Flucht in die Generalklausel, S. 58, spricht von einem „Stück offengelassener Gesetzgebung".

des redlichen Wirtschaftsverkehrs, gekennzeichnet wird. Mögen manche dieser Generalklauseln noch selbst einen gewissen, wenn auch ganz unbestimmten Wertgehalt zum Ausdruck bringen („Treu und Glauben“, die „guten Sitten“), so zeigt doch gerade die Zumutbarkeits-Klausel die Charakteristik des Regulativs in voller Eindeutigkeit: sie ist, von der ihr nicht adäquaten Vorstellung des Normbegriffes her gesehen, wertinhaltslos, eine „leere Hülse“, die ihre Ausfüllung erst durch materiale Elemente außerrechtlicher Art erfährt. Was ihr, vom Normdenken aus, als Mangel zugerechnet wird, erweist aber nur die Reinheit ihres regulativen Charakters, als eines gesetzgeberischen Mittels, durch Normverzicht die angemessene Einzelfallbeurteilung zu ermöglichen.

Es wäre nun eine falsche Vorstellung, wenn die in der Generalklausel enthaltene Anweisung, sich an einem außergesetzlichen Ordnungsbereich zu orientieren, dahingehend verstanden würde, daß der Gesetzesanwender hier einen metarechtlichen Komplex von „Normen“ zu rezipieren habe. Da es sich bei der Ausfüllung der in Betracht gezogenen Generalklauseln um die Integration sozialethischer Vorstellungen handelt, kann es durchaus nicht darum gehen, außerrechtlich vorgegebene, subsumierbare, generelle Entscheidungsinhalte aufzusuchen. Es liegt, wie bereits hervorgehoben, im Wesen und Wirken der Sozialethik, daß sie keine fertigen Verhaltensnormen bietet, sondern nur Maximen, Richtlinien, die dem Beurteiler die Entscheidung hic et nunc freilassen, damit aber auch die eigene Aktualisierung der ethischen Anforderung im Einzelfall aufbürden. Genau so verhält es sich mit der „Anwendung“ der gesetzlichen Generalklausel durch den Richter: sie ist nicht Subsumtion des Einzelfalles unter eine Norm, sondern Aktualisierung einer sozialethischen Maxime durch Beurteilung ihrer Tragweite im Hinblick auf den gegebenen Lebensfall, durch Erarbeitung eines konkreten Entscheidungsinhalts[49]). Auch von der Sinnerfassung

---

[49] Vgl. Henkel, a. a. O., S. 303/304. Durchaus übereinstimmend Wieacker, Zur rechtstheoretischen Präzisierung des § 242 (1956), S. 13: „Treu und Glauben“ und die „guten Sitten“ sind keine fertigen Schablonen, die der Richter einfach auf ein untergelegtes Material durchzeichnet, sondern eine vom Richter selbst zu realisierende einmalige Anforderung in der bestimmten Situation je eines Rechtsfalles. Ferner Seite 15: Das Verhältnis der Generalklauseln zum Einzelfall ist „nicht einfach das der logischen Unterordnung eines Besonderen unter ein Allgemeines. Vielmehr werden die Werte, auf die „Treu und Glauben“ oder die „Verkehrssitte“ eine Anweisung enthalten, in Wahrheit erst im Urteil integriert.

Treffend auch Larenz, Schuldrecht I, S. 78, zu § 242 BGB: „Es handelt sich . . . um einen ‚konkretisierungsbedürftigen‘ Maßstab, der nur erst die Richtung angibt, in der wir die Antwort auf die Frage: was unter diesen bestimmten Umständen geboten ist, zu suchen haben. Eine fertige Regel, die wir auf den einzelnen Fall beim Vorliegen bestimmter Voraussetzungen nur einfach ‚anzuwenden‘ hätten, um daraus die Entscheidung abzulehnen, gibt er uns nicht. Vielmehr wird von Fall zu Fall ein Werturteil erfordert, aus dem sich erst ergibt, was hier und jetzt gefordert ist.“

Im gleichen Sinne bereits Siebert in seiner Studie über Verwirkung und Unzulässigkeit der Rechtsausübung (1934), S. 120: „Eigentliche Voraussetzungen des § 242 BGB gibt es nicht, wenn man unter Voraussetzung eine bestimmte, konkrete, für jeden Fall erforderliche rechtserhebliche Tatsache versteht . . .“; „immer nur die besonderen Umstände des einzelnen Falles ergeben, welche widerstreitenden Interessen vorhanden sind.“

der regulativen Funktion der Generalklauseln her bestätigt sich damit das bereits gefundene Ergebnis, daß es gerade die Generalklauseln sind, die – im scheinbaren Widerspruch zu ihrer „Allgemeinheit“ – der Rechtsverwirklichung den Weg zur Individualität des Rechtsfalles eröffnen und dem Rechtsanwender die Verfolgung dieses Weges bis hin zur Erforschung und Berücksichtigung der relevanten Eigenart des Einzelfalles zur Pflicht machen. Ihnen wie den „wertausfüllungsbedürftigen“ Begriffen überhaupt ist es gemeinsam, daß sie nicht „geformtes“, norm-bestimmtes Recht, sondern – nach der Terminologie Stammlers[50]) – „auszuwählendes Recht“ bezeichnen, das im Gesetz noch „unbekannt“ und dessen Inhalt erst aus der gegebenen Lage nach Maßgabe der „grundsätzlichen Richtigkeit“ (nach sozialethischen Maximen) durch Rechtsfindung zu bestimmen ist.

Die dadurch gegebene, graduell verschiedene „Offenheit“ der gesetzlichen Tatbestände mit werthaltigen und -ausfüllungsbedürftigen Begriffen hat im Hinblick auf die strafrechtliche Tatbestandsbildung ein besonderes Problem aufgeworfen, das sich hier aus den Anforderungen des Satzes nullum crimen sine lege ergibt. Nach den diesem Prinzip jedenfalls ursprünglich, in der Aufklärungszeit, zugrunde liegenden Vorstellungen müßte die strafrechtliche Tatbestandsbildung jede Verwendung solcher Begriffe ausschließen, da jeder auf Grund der Gesetzes soll wissen können, wo die Grenzen strafbaren und nichtstrafbaren Verhaltens verlaufen. Dies ist aber bei Tatbeständen, die einen Wertungsakt nicht selbst enthalten, sondern ihn dem Richter überlassen, nicht der Fall. Streng genommen ist hier, wenn der gesetzliche Tatbestand als Verhaltensnorm aufgefaßt wird, ein „Gesetz“ vor der Tat überhaupt nicht vorhanden, da der auf den Einzelfall anwendbare Rechtsinhalt erst im späteren Vollzug der Rechtsverwirklichung, nämlich durch die Wertausfüllung im richterlichen Entscheidungsakt, bestimmt wird. Aus der Perspektive des „nullum crimen sine lege“ gesehen, erhält der Tatbestand hier seine verbrechenskonstituierende Bedeutung erst nach der Tat, dadurch daß der Richter dem Tatbestand seinen konkreten Inhalt gibt[51]). Es ist deshalb immer wieder, unter Berufung auf die rechtsstaatliche, freiheitssichernde Funktion des Strafgesetzes, gefordert worden, daß der Strafgesetzgeber sich bei seiner Tatbestandsbildung aller unbestimmten, nicht im Subsumtionsverfahren anwendbaren Begriffe enthalten solle[52]).

---

[50]) Stammler, Theorie der Rechtswissenschaft, S. 580.

[51]) Vgl. Schröder, Gutachten für den 41. Deutschen Juristentag (1955), S. 68.

[52]) So neuerdings wieder mit besonderem Nachdruck Drost, NJW 1955, S. 1256: „Würde man die Grenzziehung zwischen strafbarem und straflosem Verhalten in irgendwelcher Hinsicht in die Hand eines Richters legen, so würde man ihn zum Gesetzgeber machen und die Freiheit der Bürger in seine Hand legen. Der Rechtsstaatsgedanke aber fordert, daß nicht der Wille eines Menschen, sondern das Gesetz herrscht. Der Grundsatz nullum crimen sine lege läßt nicht das Vorhandensein irgendeines Gesetzes genügen, sondern erfordert ein Gesetz, welches ebenso das Gewohnheitsrecht ausschließt wie das richterliche Ermessen, das offen oder versteckt in unbestimmten Begriffen mancherlei Art der Tat-

Realistische Betrachtung der Regelungssituation des Strafgesetzgebers erfordert aber, daß von einer übertriebenen Bestimmtheitserwartung hinsichtlich der Tatbestandsbildung Abstand genommen wird, da es dem Gesetzgeber schlechterdings unmöglich ist, die Abgrenzung der Tatbestände überall durch eindeutig subsumierbare Begriffe klarzustellen. Nicht nur die Notwendigkeit des ihm durch die faktische Unmöglichkeit fester Grenzziehung auferlegten Verzichtes, sondern auch das Vordringen von Gerechtigkeitserwägungen – vielfach übrigens zu Gunsten des mit Strafe bedrohten Täters! – veranlaßt ihn dazu, seine Zuflucht vielfach zu mehr oder weniger unbestimmten Begriffen zu nehmen. So waren denn gerade auch „wertausfüllungsbedürftige" Begriffe in unserem Strafgesetzbuch von Anfang an in erheblicher Zahl vorhanden. Sie sind, in einer allmählichen Rangerhöhung der individualisierenden Gerechtigkeit, inzwischen durch die Novellengesetzgebung noch beträchtlich vermehrt worden, insbesondere auf Grund der Vorliebe des modernen Strafgesetzgebers für die Hervorhebung sog. „Gesinnungsmomente"[53]), die es auf die Motivationslage und den Motivationsprozeß im Innern des Täters abstellen und damit eine individualisierende Heranziehung nicht nur von mancherlei psychologischen Momenten, sondern, damit verbunden, auch die Berücksichtigung vielfältiger Wertungsmomente erfordern[54]).

Während es sich hier im allgemeinen nur um ein fluktuierendes Element an den Tatbestandsgrenzen handelt, ist eine sensationelle Wendung in der strafrechtlichen Tatbestandsbildung dadurch eingetreten, daß der Gesetzgeber in einigen Fällen auch den Tatbestandskern der Unbestimmtheit wertausfüllungsbedürftiger Begriffe ausgeliefert hat, die den Charakterzug echter Generalklauseln, nämlich den der offenen regulativen Funktion, tragen. Dies ist auch hier nicht aus Pflichtvergessenheit gegenüber rechtsstaatlichen Anforderungen geschehen, sondern aus dem Bedürfnis, den Differenzierungen der Lebensvorgänge sowie den fließenden Wertübergängen in ihrer Beurteilung gerecht zu werden. Besonders schwer abgrenzbar ist der Bereich sozialadäquaten und rechtlich unerträglichen Verhaltens bei den Tatbeständen der Nötigung und der Erpressung, die beide nicht schon durch den Einsatz von Gewalt oder Drohung zu strafwürdigem Unrecht werden, sondern erst dadurch, daß das Druckmittel im Verhältnis zu dem angestrebten Zweck als „verwerflich" erscheint (§§ 240, 253 StGB). Damit ist dann allerdings die Anwendung des Tatbestandes ganz auf eine

---

bestandsbildung sich findet. Er fordert ein Gesetz, welches Inhalt und Grenzen des strafbaren Verhaltens objektiv und eindeutig für jeden Staatsbürger bestimmt. Daher gehören weder Tätereigenschaften noch unbestimmte Begriffe, insbesondere Werthülsen, sondern nur objektiv scharf umgrenzte Rechtsgutsverletzungen in die Tatbestände eines modernen Strafrechts, welches eine echte Konkretisierung des Rechtsstaatsgedankens zu sein beansprucht" (1257).

[53]) Vgl. dazu Hardwig, Die Gesinnungsmerkmale im Strafrecht, ZStW, 68 (1956), S. 14–40.

[54]) Auf einen gleichlaufenden Prozeß der „Entrationalisierung" durch Vermehrung von „Gesinnungsmomenten" in der Gesetzgebung des Wirtschaftsrechts hat Geiler, Festschrift für Pinner, S. 254 ff., aufmerksam gemacht.

individualisierende Betrachtung abgestellt, zu der das Regulativ der „Verwerflichkeit" den Richter unter Integration der auf die besondere Lage des Einzelfalles bezogenen sozialethischen Wertvorstellungen veranlaßt[55]. Nicht anders verhält es sich mit der Verwendung des Regulativs der „Zumutbarkeit" helfenden Eingreifens bei Unglücksfällen im Tatbestand der unterlassenen Hilfeleistung (§ 330 c StGB). Wer hier im Einsatz der Generalklausel bei der Tatbestandsbildung nur die Gefahr der „Freiheitsbedrohung" sieht, sollte bedenken, daß die Unbestimmtheit und Elastizität der regulativen Formel sehr wohl auch dazu beitragen kann, denjenigen von Strafe freizustellen, der bei Verwendung eines bestimmten und damit starren Tatbestandsmerkmals unabänderlich der Strafdrohung verfallen wäre.

Der Verzicht auf tatbestandliche Profilierung vermag es auch, die feineren Nuancen in der Tatschwere zur Geltung kommen zu lassen, die sich aus den unübersehbaren Modalitäten der Tatbegehung ergeben. Dem hat man immer dadurch Rechnung getragen, daß man dort, wo dazu Anlaß gegeben schien, die Anerkennung „mildernder Umstände" zuließ, womit man das Problem dadurch löste, daß man die Abschichtung der innerhalb der Tatbestandserfüllung atypisch leichteren Begehung von der Tatbestandsseite weg nach der Rechtsfolgebestimmung hin, also in den Strafzumessungsbereich, abschob. Das gleiche hinsichtlich der atypisch schwereren Tatbestandserfüllung zu tun, nämlich dem Richter die Ermächtigung zum Hinausgehen über die Normalstrafdrohung zu geben, hielt man deshalb nicht für zulässig, weil die im Prinzip des „nullum crimen sine lege" enthaltene Anforderung der gesetzlichen Fixierung nicht

---

[55]) Wir denken hier etwa an den Fall jenes Anwalts, der dem Großen Senat des Bundesgerichtshofes den Anlaß zu der berühmten Entscheidung über den Verbotsirrtum gegeben hat (BGHSt. 2, 194 ff.). Drohung des Strafverteidigers mit Niederlegung des Mandats für den Fall, daß das bisher nicht vereinbarte, aber nunmehr geforderte Honorar nicht umgehend gezahlt wird, muß, selbst wenn sie unter dem den Mandanten bedrängenden Druck der Hauptverhandlung geschieht, nicht immer oder auch nur regelmäßig strafbares Unrecht sein. Ob sie es ist, läßt sich nur anhand der besonderen Umstände des Einzelfalles entscheiden, wobei beispielsweise zu berücksichtigen ist: die wirtschaftliche Lage des Mandanten, sein Verhalten bezüglich seiner Zahlungswilligkeit, die Höhe und Angemessenheit des Honorars, Umstände, die es vor der Hauptverhandlung nicht zu einer Honorarvereinbarung haben kommen lassen u. a. – Der BGH sieht deshalb bei der Anwendung des Nötigungstatbestandes die Aufgabe des Richters darin, „an Stelle des Gesetzgebers durch unmittelbare Wertung zu entscheiden, ob die tatbestandsmäßige Nötigung im Einzelfalle (!) rechtswidrig ist oder nicht" (195/196).

Nach der Auffassung von Hellmuth Mayer, Strafrecht, S. 86, werden durch die Verwendung der Generalklausel („verwerflich") ganz „unerträgliche Zweifel" über die Tragweite der Strafbarkeit hervorgerufen. Von der strengen, unnachgiebigen Bestimmtheitserwartung des „nullum crimen sine lege" ausgehend, erklärt er deshalb konsequent die Neufassung des Nötigungstatbestandes für verfassungswidrig (Art. 103 GG). Aber es bleibt dabei außer Betracht, daß es für die Umschreibung der für die Beurteilung maßgeblichen Mittel-Zweck-Beziehung des Verhaltens schlechterdings keine andere Möglichkeit als die regulative Generalklausel gibt. Schon dies allein, abgesehen von dem hier vordringenden Bedürfnis der individualisierenden Gerechtigkeit, zwingt dazu, von der Bestimmtheitserwartung Abstriche zu machen.

nur auf die Strafbarkeit des Verhaltens überhaupt, sondern auch auf seine Graduierung als qualifiziertes Verhalten bezogen und damit die tatbestandlich-begriffliche Herausarbeitung solchen Verhaltens als die Voraussetzung für das Hinausgehen über den Normalstrafrahmen angesehen wurde. Auch von dieser Auswirkung des nullum-crimen-Denkens hat man sich inzwischen gelöst, indem der Gesetzgeber – vorerst allerdings nur in engen Grenzen – dazu übergegangen ist, durch die Einführung des „besonders schweren Falles" in die Terminologie des Strafgesetzes[56]) die angemessene Behandlung der atypisch schweren Tatbestandserfüllung dem Richter nach Maßgabe des Einzelfalles zu überlassen, von einer schematisierenden Bindung also abzusehen.

Wir haben damit, immer im Blick auf das Verhältnis von Recht und Individualität, eine wichtige Entwicklungslinie der gegenwärtigen Strafgesetzgebung verfolgt, die uns zeigt, daß die Individualität des Lebensfalles sich auch in der Erscheinungsform deliktischen Verhaltens in steigendem Maße geltend macht, wobei ihre stärkere Berücksichtigung durch den Gesetzgeber teils zur Auflockerung von Tatbeständen überhaupt, teils zum Verzicht auf tatbestandliche Profilierung bei atypischen Fallbegehungen unter Freigabe individualisierender Betrachtung und Rechtsfolgebestimmung geführt hat. Ergänzend mag noch bemerkt werden, daß das gleiche auch im Hinblick auf die Abschichtung des Bereiches der kriminellen Straftaten von den der Erledigung der Verwaltungsbehörden zugewiesenen Ordnungswidrigkeiten geschehen ist, soweit es sich um die zweifelhaften Grenzgebiete handelt. Während im allgemeinen die Zugehörigkeit zur einen oder anderen Gruppe durchaus generell und nach tatbestandlich-begrifflichen Merkmalen bestimmt werden kann, hat der Gesetzgeber erkannt, daß es Fälle gibt, in denen die Grenzziehung und Zuteilung nur nach der Gestaltung des konkreten Falles möglich ist, so daß er dem Rechtsanwender hier lediglich eine „Differenzierungsleitlinie" dafür geben kann, wie und nach welchen Gesichtspunkten er im Einzelfall die konkrete Tat nach ihren individuellen Merkmalen als Straftat oder als Ordnungswidrigkeit werten soll, ein Differenzierungsverfahren, das erstmals das Wirtschaftsstrafgesetz von 1949 angewandt hat (§ 6)[57]). In diesem Zusammenhang mag dann schließlich noch darauf hingewiesen werden, daß die individualisierende Betrachtungsweise auch im Strafprozeßrecht noch eine bemerkenswerte Eingangsstelle gefunden hat, und zwar in der konkreten Zuständigkeitsbestimmung. Aus der Erkenntnis heraus, daß die Zuteilung der Strafsachen an die Gerichte verschiedener Ordnung und Besetzung nach der abstrakten Methode, nämlich je nach dem in Betracht kommenden Straftatbestand oder nach der gesetzlichen Höchststrafdrohung, in manchen Fällen zu einer unzweckmäßigen, die Besonderheiten der Sache übermäßig vernach-

---

[56]) Vgl. dazu Schröder, Gutachten für den 41. Deutschen Juristentag (1955), S. 85.

[57]) Vgl. Haertel-Joël-Schmidt, Wirtschaftsstrafgesetz (1949), S. 20.

lässigenden, also allzu starren Zuständigkeitsregelung führen würde, hat sich der Gesetzgeber entschlossen, in gewissem Umfang die konkrete Zuständigkeitsbestimmung derart zuzulassen, daß die Strafverfolgungsbehörde je nach Umfang und Eigenart der Sache darüber befindet, bei welchem von mehreren Gerichten verschiedener Ordnung sie die Anklage erhebt. Mögen gegen die Freigabe des staatsanwaltlichen Ermessens hier auch erhebliche Bedenken bestehen[58]) – zumal im Hinblick auf die durch die konkrete Zuständigkeitsbestimmung erfolgende Präjudizierung der Rechtsmittelmöglichkeiten –, so wird man doch in einer den komplizierten Lebensverhältnissen der Gegenwart gegenüberstehenden Strafrechtspflege nicht mehr auf dieses Mittel der differenzierenden Zuteilung von Strafsachen an die Gerichte verschiedener Ordnung verzichten können, solange es sich dabei lediglich um eine Ergänzung der im übrigen „abstrakten" Zuständigkeitsregelung handelt[59]).

Das Vordringen der Generalklauseln in unserer Gesetzgebung bezeichnete vor etwa zwei Jahrzehnten Hedemann als „wahrscheinlich die wichtigste Frage, die es überhaupt für den Juristen des 20. Jahrhunderts gibt"[60]). Er hat versucht, die Ursachen dieser Erscheinung zu deuten und die Gefahren aufzuzeigen, die sich aus einem Überhandnehmen der Generalklauseln ergeben. Bereits vor ihm hatte Dahm[61]) auf jene Tendenz der Auflockerung, der „Aufweichung der Rechtsformen", die sich aus der gesetzgeberischen Verwendung mehr oder weniger unbestimmter Begriffe ergibt, hingewiesen und die Befürchtung geäußert, es müsse sich bei einem weiteren Fortschreiten auf diesem Wege eine Auflösung des bisher festen Gerüstes juristischer Begriffe in einen allgemeinen „Wertbrei" ergeben, daraus folgend eine unerträgliche Rechtsunsicherheit und eine verhängnisvolle Kompetenzverschiebung zwischen Gesetzgeber und Richter, die den letzteren mit einer unlösbaren Aufgabe belaste. Solche Besorgnisse und Warnungen waren und sind in der Tat mit dem größten Ernst aufzunehmen. Sicherlich konnte zur Zeit dieser Äußerungen mit einigem Recht darauf hingewiesen werden, daß mindestens zu einem Teil die im Zuge begriffene Entwicklung auf Versagen oder Schwäche des Gesetzgebers zurückzuführen sei, der die „Flucht in die Generalklausel" manchmal nur deshalb gewählt habe, weil er sich der Anforderung an eine klare gesetzliche Regelung und eine entschiedene Lösung der Probleme nicht gewachsen fühlte. Die Erklärung des Phänomens aus einer Ermüdung des Gesetzgebers, aus einer Unfähigkeit zum Zu-Ende-Denken der Probleme, aus einer allgemeinen Neigung zur Aufhebung von Härten, aber auch zur bequemeren Lösung mit

---

[58]) Sie sind vor allem von Oehler, ZStW 64, 292 ff., und Eb. Schmidt, Lehrkommentar I Nr. 439 (mit weiteren Literaturnachweisen) geltend gemacht worden.

[59]) Vgl. dazu Henkel, Strafverfahrensrecht (1953), S. 169/170.

[60]) Hedemann, Flucht in die Generalklausel, S. 3.

[61]) Dahm, Zunahme der Richtermacht im modernen Strafrecht (1931); vgl. dazu auch Dahm, Deutsches Recht (1951), S. 170 ff.

Hilfe unscharfer, vieldeutiger Formeln anstatt mit der exakten juristischen Konstruktion, dies alles mag weitgehend die Situation am Ende des ersten Quartals dieses Jahrhunderts treffen, ebenso wie der Hinweis auf die Zerrissenheit in den Wertvorstellungen der Rechtsgemeinschaft, aus denen für die Gesetzesanwendung kein genügender Rückhalt zu gewinnen sei. Trotz der Anerkennung dieser Bedenken und Einwände in ihrem berechtigten Kern läßt sich dennoch eine positive Einstellung zur Generalklausel-Entwicklung gewinnen, wenn deren Bedingtheiten und Grenzen beachtet werden. Allerdings muß der Auffassung entgegengetreten werden, es handele sich hier um eine allgemeine Durchdringung unserer Rechtsordnung mit einem laxen Billigkeitsdenken. In Wahrheit geht es in den jeweiligen Bereichen um die bis in die Tiefe dringende Austragung der in der Rechtsidee liegenden Antinomien, um die Austragung der Spannungen zwischen der generalisierenden und der individualisierenden Tendenz des Rechts[62]), die nicht eindeutig und allgemein im einen oder anderen Sinne gelöst werden kann. Sicherlich gibt es weite Reservate des ius strictum, vor denen unter dem überwiegenden Bedürfnis der Rechtssicherheit und der Gleichmäßigkeit der Rechtsanwendung jede „Billigkeits"-Erwägung haltmachen muß[63]). Aber ebenso sicher ist es, daß sowohl die ontologisch vorgegebene Struktur mancher regelungsbedürftiger Lebensverhältnisse wie der überwiegende Anspruch der individualisierenden Gerechtigkeit die elastische, dem Einzelfall zugewandte Lösung des ius aequum verlangt. Daß dabei die Rücksichtnahme auf die rechtlich erhebliche Individualität des Lebensfalles e i n e n -- wenn auch nicht den einzigen – tragenden Gesichtspunkt enthält, haben unsere bisherigen Erwägungen herausgestellt. Die Erfahrung mehrerer Jahrzehnte berechtigt uns zu sagen, daß unsere Rechtsprechung mit dem in der Generalklausel liegenden Auftrag zur Individualisierung der von ihr umfaßten Rechtsbereiche, im Ganzen gesehen, durchaus zufriedenstellend fertig geworden ist[64]). Dies aber führt uns zu der weiteren Betrachtung, wie es sich mit der Situation des Rechtsanwenders gegenüber der Individualität des Falles verhält, und welchen Problemen er sich gegenübersieht.

---

[62]) Sie ist, wie E n g i s c h , Konkretisierung, S. 234, hervorhebt, auch eine der Hauptaufgaben der Rechtswissenschaft.

[63]) Vgl. dazu S. 74 ff.

[64]) Im gleichen Sinne: W i e a c k e r , Privatrechtsgeschichte der Neuzeit, S. 287; ebenso hinsichtlich der Erfahrungen der griechischen Praxis mit der Rechtsmißbrauchs-Klausel des griechischen Zivilgesetzbuches von 1946: F r a g i s t a s , in Festschrift für Martin Wolff (1952), S. 49 ff. (50).

## V.

Das Verhältnis des Rechtsanwenders zur Individualität ist ein völlig anderes als das des Gesetzgebers. Während dieser von der Höhenlage seines Ordnungsplanes aus die Individualität des Falles weder sehen noch in seiner Regelung erfassen kann, sieht sich ihr der Rechtsanwender in seiner Erdennähe unmittelbar gegenüber. Sie drängt sich seiner Anschauung auf und macht ihren Anspruch auf Beachtung auch insoweit geltend, als der Rechtsanwender dazu aufgerufen ist, das für den Einzelfall geltende Recht zu verwirklichen. Wenn aber die gesetzgeberische Situation gegenüber der Individualität durch ein „Zu-wenig" gekennzeichnet ist, so ergibt sich die eigentümliche Schwierigkeit des Rechtsanwenders aus einem „Zu-viel" der an ihn herantretenden Individualität des Falles. Er muß dieser Bedrängnis von vornherein dadurch entgegenwirken, daß er aus der verwirrend vielfältigen Faktizität des Individuellen nur dasjenige in seinen Sachverhalt eingehen läßt, was als „relative" Individualität rechtliche Relevanz für die zu treffende Entscheidung gewinnen kann. Die besondere Problematik kommt aber für ihn vor allem darin auf, daß die im Entscheidungsakt zu verwirklichende Konkretisierung des Rechts zwar unmittelbar nur auf den Einzelfall bezogen ist, aber doch auch ins Allgemeine zielt. Da die Entscheidung nicht bloße Regelung, sondern konkretisiertes Recht sein soll, muß sie die Fähigkeit zur Verallgemeinerung in sich tragen; in gedachten künftigen Fällen mit gleicher oder annähernd gleicher „relativer" Individualität müßte der gleiche Entscheidungsakt zu erwarten sein, wenn dieser „richtig", dem Recht entsprechend, festgelegt worden ist. In ihrer als Rechtsverwirklichung notwendigen Verallgemeinerungsfähigkeit drängt damit auch die konkrete Entscheidung des Rechtsanwenders auf Vergleichbarkeit, auf ein Hineinrücken in ein Gefüge des Vergleichbaren. Es ist dies einerseits eine Fernwirkung jener generalisierenden Tendenz der Gerechtigkeit, die auch im Einzelnen und Individuellen das potentielle Gleichmaß sucht, dem alle Rechtsetzung zuzustreben hat, andererseits ein Gebot der Ordnung und Rechtssicherheit, dem sich auch die konkrete Rechtsverwirklichung nicht entziehen kann. So sieht sich also auch der Rechtsanwender einer starken Spannung zwischen dem Individuellen und dem Allgemeinen ausgesetzt, nur daß der Strom der Bewegung, der dieses Kraftfeld beherrscht, ihn in eine Richtung treibt, die derjenigen des Gesetzgebers in mancher Hinsicht entgegengesetzt ist. Denn während der Gesetzgeber, der funktionsmäßig der Generalisierungstendenz verhaftet ist, in gewissen Regelungsbereichen durch Verwendung unbestimmter Begriffe die „Flucht in die Individualität" antritt, sieht der Rechtsanwender sich in manchen

Situationen gezwungen, aus der Bedrängnis durch das ihn umklammernde Individuelle herauszukommen und den Weg zum Allgemeinen zu suchen, das ihm den rechtlichen Halt verleihen soll. Beide, Gesetzgeber und Rechtsanwender, werden damit, jeder auf seine Weise, auf eine Bahn gelenkt, die sie von ihrer Ausgangsposition und ihrer Regelungsaufgabe scheinbar entfernt.

Am deutlichsten wird das eigentümliche Fluktuieren, das von der anziehenden, zugleich aber auch abstoßenden Wirkung der Individualität ausgelöst wird, bei der Handhabung der klassischen Generalklauseln durch den Rechtsanwender. Wir haben sie als gesetzgeberische Anweisungen kennengelernt, die dahin gehen, daß der Individualität des Falles durch Ergänzung oder Korrektur des Normenrechts, notfalls sogar unter Durchbrechung einer starren Gesetzesnorm, Rechnung getragen werden soll. Infolge ihres ursprünglich bestehenden Mangels an subsumierbaren Norminhalten und damit an anwendbaren Begriffsgefügen, die eine generalisierende Beurteilung ermöglichen könnten, stellen diese Klauseln eine Auslieferung des Rechtsanwenders an die Individualität des Einzelfalles dar. Aber gerade der übermäßige Individualisierungsdruck, der dadurch entsteht, erzeugt jene schon erwähnte Rückströmung zum Allgemeinen, die den Rechtsanwender nach festen Haltepunkten im Meer der Kasuistik suchen läßt. Rechtsanwendung ist, auf das Ganze gesehen, eine kontinuierliche Rechtsverwirklichung an einer Vielzahl von Fällen, die aus der ihr innewohnenden Generalisierungstendenz danach strebt, den Einzelfall in Beziehung zu anderen zu bringen und auf Vergleichbares abzustimmen. Auf diese Weise rückten in der Generalklausel-Praxis unserer Gerichte bei überschauender Betrachtung Fallgruppen zusammen, die sich wie in einem Kristallisationsprozeß zu Ordnungsgefügen zusammenschlossen. Während ursprünglich die Klauseln vom Sitten-Verstoß und von „Treu und Glauben" ein weites und völlig ungegliedertes, sozusagen chaotisches, nämlich von einer unübersehbaren Vielfalt von Fall-Individualitäten beherrschtes Gebiet, umspannten, bildeten sich allmählich in einer ständigen Praxis Übereinstimmungen heraus, die erkennen ließen, daß es hier in der Fallbeurteilung immer wiederkehrende Wertungsgefüge gibt, die eine typisierende Betrachtung erlauben und es infolgedessen ermöglichen, den Raum der Generalklauseln in Ordnungs- und Wertbereiche zu gliedern. Im Zusammenwirken der Praxis mit der dogmatisierenden Wissenschaft gelang es, die zunächst vollkommene Unbestimmtheit der Klauseln durch Herausarbeitung von „Rechtsgedanken" zu überwinden und ihnen weitergehend die Form von begrifflich-dogmatisch gefestigten „Grundsätzen" zu geben. Auf diese Weise erreichte man es, diejenigen Gesichtspunkte, die typischerweise bei der Beurteilung von Verhaltensweisen als Verstoß gegen die „guten Sitten" oder gegen „Treu und Glauben" maßgeblich sind, zusammenzufassen und auch unter dem Gesichtspunkt der durch sie bewirkten Rechtsfolgen zu ordnen. Damit wurden die Räume der Generalklauseln, die zunächst jeder Positivierung entbehrten und infolgedessen auf der Landkarte der Kodifikationen die weißen Flächen darstellten, zu einem Gebiet gegliederten, positiven Rechtsstoffes, in dem die tragenden Rechtsgedanken so verfestigt sind, wie wir sie heute kennen, etwa als „Unzulässigkeit mißbräuchlicher Rechtsausübung", „Verwirkung", „Wegfall der Geschäftsgrundlage". Die einmal in Gang gekommene Arbeit der Dogmatisierung mußte folgerichtig zu weiteren Gliederungen und Untergliederungen (Unzulässigkeit des venire contra factum proprium, des rücksichtslosen, übermäßigen Eigennutzes; unzulässige Berufung auf Nichtigkeit wegen Formmangels usw.) sowie zu einer fortschreitenden Verfeinerung in der begrifflichen Ausbildung und Darstellung der einzelnen Rechtsprinzipien führen. Zug um Zug mit dem Anwachsen des Erfahrungsbereiches in der Vielzahl entschiedener Fälle konnte sich der Bereich des Typisierbaren und Typisierten ausweiten. Dem zunächst mit der Generalklausel gegebenen Impuls der Individualisierung folgte somit ein durchaus gegenläufiger Strom, der die Praxis, in Verbindung mit der Wissenschaft, auf Institutionalisierung des Generalklausel-Rechts hindrängte[65]).

Für den einzelnen Rechtsanwender, der sich der Individualität des Rechtsfalles gegenübergestellt und der sich mit Rücksicht auf die Eigenart des Falles zu einer Ergänzung oder Korrektur des festen Normenrechts mit Hilfe der Generalklauseln veranlaßt sieht, ist damit ein unschätzbarer Vorteil erzielt: Er vermag es, seinen Fall in einem bestimmten Rechtsraum unterzubringen, ihm einen Ort innerhalb des sonst unübersehbaren Generalklausel-Gebietes anzuweisen und sein Urteil auf gegebene Richtpunkte abzustellen. Allerdings ergibt sich damit auch die entscheidende Frage, ob dies alles nicht letztlich zu einer völligen Abkehr von der Individualität des Falles führt. Hier lag in der Tat die Schicksalsfrage des Generalklausel-Rechts, die jedoch heute als im richtigen Sinne entschieden angesehen werden darf. Sicherlich hätte die Entwicklung dazu führen können, die dogmatischen Begriffsbildungen als abschließende Normgebung, als echtes Normenrecht innerhalb der Generalklausel-Räume, aufzufassen und sie damit der üblichen richterlichen Subsumtionstechnik zu überweisen, die geschaffenen „Institutionen" (Rechtsmißbrauch, Wegfall der Geschäftsgrundlage usw.) als Tatbestände anzusehen, deren Anwendung im begrifflich-logischen Prozeß der Unterstellung des im Einzelfall enthaltenen „Untersatzes" unter den „Obersatz" des Rechtsprinzips zu vollziehen sei. Gewiß wird die Gefahr einer im fortschreitenden begrifflichen Differenzierungsprozeß liegenden Erstarrung nie ganz zu bannen sein; sie wird den Rechtsanwender immer wieder dazu verleiten können, bei der Handhabung der Generalklauseln von den in den Kommentaren entwickelten Prinzipien in dem Sinne Gebrauch zu machen, daß er sie als subsumtions-

---

[65]) Die gewaltige Arbeit, die hier geleistet wurde, wird sehr eindrucksvoll sichtbar in der Kommentierung des § 242 BGB durch S i e b e r t im Soergelschen Kommentar (1952).

fähige Begriffsgebilde auffaßt, die ihm vermeintlich die logisch-deduktive Entscheidung vorschreiben und ermöglichen. Aber er würde dadurch den Auftrag, der in der Generalklausel-Gesetzgebung enthalten ist, nämlich bis zur konkreten Sachgerechtigkeit vorzustoßen, durchaus verfehlen. Es besteht in der heutigen Wissenschaft und höchstrichterlichen Praxis keinerlei Zweifel und Meinungsverschiedenheit darüber, daß die im Raum der Generalklauseln entwickelten Prinzipien nicht fertige, „anwendbare" Normen, sondern nur Richtlinien darstellen, die dem Rechtsanwender zwar die Orientierung seines Urteils an tragenden Rechtsgedanken ermöglichen, ihn aber nicht von der Aufgabe entbinden, das Prinzip im Hinblick auf den Einzelfall weiter zu modellieren. Als entscheidend hat sich die Erkenntnis gebildet, daß im Generalklausel-Bereich Typenbildung zwar weitgehend möglich und kraft der institutionellen Autorität einer „ständigen Rechtsprechung" für den Rechtsanwender auch verbindlich, daß sie aber nie abschließend ist, sondern ein freier Raum offen bleibt, innerhalb dessen das richterliche Urteil nur kraft der „rerum notitia"[66]), aus der Anschauung des Falles und seiner individuellen Umstände, letztlich also aus einem den Entscheidungsprozeß zumindest abschließenden intuitiven Wertungsakt zu gewinnen ist. So kann also bei der Handhabung der Generalklauseln, mögen auch innerhalb der begrifflichen Analyse alle Begriffselemente des Rechtsprinzips (z. B. des Rechtsmißbrauchs) zutreffen, dennoch ein einziges relevantes Individualmoment des Falles dazu führen, die Voraussetzungen der Generalklausel zu verneinen, während umgekehrt ihre Bejahung nicht ausgeschlossen ist, wenn es an einem begrifflich-dogmatischen Element eines bisher entwickelten Prinzips fehlt, gewisse Umstände des Falles aber seine Einbeziehung in den Generalklausel-Bereich erfordern[67]). Die den Raum der Generalklauseln ausfüllenden Rechtsprinzipien bedürfen daher, selbst wenn

---

[66]) Vgl. dazu Becker, JR 1949, 489, 523; 1950, 5.

[67]) Außerordentlich instruktiv RGZ 155, 257 ff. (276/77). Hier hatte das Untergericht den als Sittenverstoß typisierten Boykott-Begriff im Wege eines logischen Subsumtionsverfahrens angewandt. Das RG erklärt dies für falsch; es komme – so heißt es in der Entscheidung (277) – darauf an, „ob im jeweiligen Fall und unter den jeweiligen Umständen die in Frage stehende Handlung unter Anlegung des in dieser Vorschrift nach der Rechtsprechung vorausgesetzten allgemeinen und unpersönlichen Maßstabes als dem Anstandsgefühl aller billig und gerecht denkenden Menschen widersprechend, d. h. als sittenwidrig, zu beurteilen ist. Nicht abstrakte Merkmale sind dafür entscheidend, sondern die nach einem bestimmten Maßstabe gemessenen Umstände des einzelnen Falles. Danach kann im einzelnen Fall, auch wenn, begrifflich gesehen, ein Boykott oder eine Abkehr und, vom Standpunkt rechtstheoretischer Betrachtung aus, die Merkmale eines Strafboykotts oder einer Abkehr vorliegen, dennoch die Sittenwidrigkeit zu verneinen sein, weil ihre Bejahung nicht an äußere Merkmale geknüpft werden darf, sondern ihr Vorliegen, wenngleich äußere Merkmale wertvolle Anhaltspunkte geben mögen, unabhängig davon schlechthin nach den angegebenen Verhältnissen zu prüfen ist."

In der gleichen Richtung auch BGHZ 1, 176, zum „Wegfall der Geschäftsgrundlage": Die von der Lehre und Rechtsprechung dazu geprägten Formeln seien nicht letztlich entscheidend; es komme „vornehmlich" auf die Abwägung der Umstände des Falles nach „Treu und Glauben" an.

die begrifflich-dogmatische Analyse sie noch so fein differenziert herausarbeitet, einer gewissen „Offenheit", die der Einzelfallbeurteilung den gebührenden Raum freiläßt[68]). Nur unter dieser Voraussetzung ist die Gefahr zu vermeiden, daß sich im Generalklausel-Gebiet starres Institutionenrecht entwickelt, und nur so der erwünschte Zustand zu erreichen, daß anpassungsfähiges echtes Fallrecht in ständiger Entwicklung und Wandlung erhalten bleibt. Stets muß hier – und damit ist der für unser Thema entscheidende Punkt bezeichnet – bei der richterlichen Urteilsbildung anhand der Generalklauseln die Individualität des Falles das maßgebliche letzte Wort sprechen. Nicht anders verhält es sich mit der allgemeinen Kategorie der „wertausfüllungsbedürftigen" Begriffe überhaupt, soweit sie, wie wir bereits hervorgehoben haben, regulative Funktion ausüben, indem sie in mehr oder weniger verhüllter Form den Rechtsanwender auf eine außergesetzliche Ordnung verweisen, an der er sein Urteil auszurichten hat. Die Entwicklung, die diese Begriffe genommen haben, und ihre Handhabung entspricht weitgehend derjenigen der eben besprochenen klassischen Generalklauseln: Die Rechtsprechung, auch hier in Verbindung mit der Rechtsdogmatik, arbeitet aus dem Begriff in typisierender Weise Rechtsgedanken oder Richtlinien heraus, die dem zunächst ungeordneten Wertungsbereich der Formel eine gewisse Übersicht und Ordnung verleihen, allgemeine Wertungsstrukturen erkennen lassen, nichtsdestoweniger aber, da diese keine abschließende Definition des Begriffes enthalten, den Regreß der Wertung auf den Einzelfall offenlassen und erfordern, so daß auch hier der intuitive Wertungsakt aus der Anschauung der Fall-Individualität den Ausschlag für die Entscheidung gibt[69]).

---

[68]) Esser, Grundsatz und Norm, S. 150/51, bezeichnet die Generalklauseln treffend als „starting points oder Aufhänger für die konkrete richterliche Normbildung. Die Kommentare erst zeigen die Wahrheit: daß hier die Norm nicht interpretativ aus dem Prinzip gefunden, sondern durch judizielle Synthese geschaffen wird. Erst die Kasuistik teilt uns mit, was Rechtens ist". Bei den Generalklauseln „gibt der Rechtssatz für angebbare Fallgruppen eine Weisung, mit größerem oder kleinerem diskretionären Raum für den Richter".

Im gleichen Sinne spricht Larenz, Schuldrecht I, S. 79, von einer „Verknüpfung des in seiner Besonderheit voll gewürdigten Einzelfalles mit den allgemeinen Rechtsgedanken, die der Grundsatz meint".

[69]) Zum Beleg dafür seien einige Beispiele angegeben:

1. Der Begriff der „unzüchtigen" Handlung enthält die Verweisung auf die Ordnung der geschlechtlichen Zucht. Als deliktischer Grundgehalt des Verhaltens ist damit die faktische oder potentielle Verletzung des Scham- und Sittlichkeitsgefühls in geschlechtlicher Hinsicht gegeben, wobei als generalisierender Maßstab die Anschauung und das Empfinden des „normalen" Menschen zu Grunde zu legen ist (so die ständige Rechtsprechung des RG; übereinstimmend BGHSt. 3, 297). Innerhalb dieses allgemeinen Wertungsgefüges ergeben sich gewisse Differenzierungen für die einzelnen Tatbestände der Sittlichkeitsdelikte; die letzte Entscheidung darüber, was als „unzüchtig" anzusehen sei, kann aber meist erst auf Grund der Betrachtung des Einzelfalles getroffen werden. Dementsprechend erklärt das RG (RGSt. 33, 19), für die Beurteilung der Unzüchtigkeit von Abbildungen (§ 184 StGB) seien nicht nur deren äußere Gestaltung und Inhalt maßgeblich, sondern „ebenso sehr die sonstigen Umstände, unter denen die Ausstellung erfolgt, insbesondere der Ort, ihr Zweck, die Art der Verwendung und der Kreis der Personen, dem die Ausstellung zugänglich gemacht ist. . . . Der Begriff des

Außerhalb des bisher besprochenen Bereiches stoßen wir nun auf zahlreiche unbestimmte Begriffe des Gesetzes, bei denen das Zurückgehen auf die Umstände des Einzelfalles bei der richterlichen Begriffsausfüllung zwar möglich, aber keineswegs zwingend vorgezeichnet ist. Der Rechtsanwender kann hier innerhalb der Stufenreihe der Betrachtung, die ihn vom Abstrakten über das Typische zum Individuellen hinführt, durchaus im Bereich des Generellen Halt machen und seine Beurteilung abschließen, ohne sich auf die individuellen Momente des Falles einzulassen. Es ist eine Frage der Entscheidung, die, wie wir sehen werden, von durchaus hintergründigen Wertableitungen aus der Rechtsidee abhängig ist und die dahin geht, ob

---

Unzüchtigen läßt sich wegen seiner immer nur relativen Natur nicht loslösen von derartigen Umständen". Ergänzend ist RGSt. 30, 380 heranzuziehen: „Dinge und Handlungen, die unbedingt und unter allen Umständen unzüchtig sind, gehören zu den Ausnahmen; regelmäßig ist die Entscheidung, ob etwas unzüchtig ist oder nicht, bedingt durch die Rücksicht auf Personen, Verhältnisse, Ort, Zweckbestimmung und dergleichen".

2. Der in verschiedenen Tatbeständen verwandte Begriff des „Beschimpfens" (§§ 96, 166 StGB) verweist auf die Regeln der Konvention, indem er solche Äußerungen erfassen soll, die in unerträglicher Weise aus dem Rahmen des konventionell Erlaubten heraustreten. Als allgemeine Wertungsrichtlinie ist dabei zu beachten, daß es sich um eine nach Form und Inhalt besonders verletzende Kundgabe der Mißachtung handelt, die in der Tendenz der Verächtlichmachung geschieht. Eine abschließende Wertung ist aber aus dieser Richtlinie nicht in abstracto zu gewinnen; sie kann nur im Hinblick auf die relevanten Umstände des Einzelfalles getroffen werden (vgl. den in RGSt. 10, 146 ff. behandelten Fall der „Bierpredigt").

3. Bei der Frage, wann ein Mißbrauch zur Unzucht „unter Ausnutzung der Amtsstellung" (§ 174 Z 2 StGB) vorliegt, ist zunächst von der allgemeinen Struktur des Abhängigkeitsverhältnisses und den dafür gegebenen Verhaltensregeln auszugehen. Nach dem Richtlinienbild liegt „Ausnutzung" dann vor, wenn der Amtsträger „bei seinen unsittlichen Zumutungen das in in seiner Stellung liegende Übergewicht, seine Machtstellung, einsetzt, aber auch dann, wenn er sich das Ansehen und das Vertrauen, das er als Amtsperson und Vorgesetzter genießt, bei seinem Vorhaben zunutze macht, in dem Bewußtsein, daß das Opfer aus dem Gefühl der Abhängigkeit die unzüchtige Handlung duldet und gegen ihn aus diesem Grunde nichts unternehmen werde" (BGHSt. 8, 26). Abschließend subsumierbar sind aber damit die Voraussetzungen des Tatbestandes nicht bezeichnet; sie lassen sich nur nach den Umständen des Einzelfalles beurteilen, wobei es u. a. auf Alter, innere Unabhängigkeit des Untergebenen, frühere geschlechtliche Beziehungen zwischen den Beteiligten, aber auch andere Umstände ankommt (BGH a. a. O., S. 27).

4. Beim Tatbestand des Wuchers (§§ 302 a ff. StGB) wird durch das Erfordernis, daß ein „auffälliges Mißverhältnis zu der Leistung" besteht, auf die Ordnung des redlichen Wirtschaftsverkehrs verwiesen, so daß es auf die hiernach zu beurteilende wirtschaftliche Vertretbarkeit abzustellen ist. Damit ist aber nicht mehr als die allgemeine Richtlinie der Beurteilung angegeben, die im übrigen entscheidend von den Umständen des Falles abhängt, wie die Tatbestände ausdrücklich hervorheben (§§ 302 a, 302 e StGB); vgl. dazu RGSt. 74, 348.

5. Für den Begriff des „groben Unfugs" (§ 360 Z 11 StGB) hat die Rechtsprechung als allgemeine Struktur herausgearbeitet: grobe Ungebührlichkeit des Verhaltens, verbunden mit der möglichen Folge einer Belästigung oder Beunruhigung des Publikums oder Gefährdung des äußeren Bestandes der öffentlichen Ordnung. Ob dies aber zutrifft, ist nur „im gegebenen Fall nach den konkreten Umständen zu beurteilen" (RGSt. 34, 425/26).

In der Rechtsprechung des RG zu den wertausfüllungsbedürftigen Begriffen findet sich immer wieder die stereotype Wendung, die für die Entscheidung maßgebliche Einzelfallbeurteilung sei „Tatfrage" (vgl. z. B. RGSt. 74, 349; RGZ 110, 297 ff. (300); ebenso RAG, JW 1928, 1464; 1929, 3036; dazu Soergel, Kommentar

der Rechtsanwender sich ausschließlich an die generellen Merkmale einer Lebenserscheinung halten und hiernach seinen Beurteilungsgegenstand abgrenzen oder ob er individuellen Momenten des Einzelfalles Einfluß auf seine Beurteilung zugestehen will. Für beides steht ihm die Wahl offen, und es ist nur die Frage, wie er sie trifft. Damit gewinnen gerade die hier gemeinten Begriffe für unser Thema eine besondere Bedeutung, weil sie zu Testfällen dafür werden, ob man von einem Individualisierungsprozeß in der Rechtsanwendung, d. h. von einer sich durchsetzenden und verbreitenden Wirkung der Fall-Individualität auf die Praxis der Rechtsanwendung, sprechen kann oder nicht. Den höchsten Testwert erhalten dabei diejenigen Fälle, in denen die Rechtsanwendung einen Umbruch von der zunächst generalisierenden zur individualisierenden Methode der Begriffshandhabung erfahren hat. In der Tat läßt sich bei einer Gesamtübersicht über die Rechtsprechung der einzelnen Rechtsbereiche ein solcher Prozeß der Individualisierung, hier schwächer, dort stärker, durchaus feststellen. Viele Beispiele könnten dazu beitragen, ihn sichtbar zu machen und den Nachweis zu belegen; einige Beispiele aus dem Strafrecht sollen ihn im folgenden wenigstens veranschaulichen.

Als Ausgangspunkt dafür eignet sich vielleicht am besten die Entwicklung, die der Tatbestand des Zweikampfes (§§ 205, 201 StGB) im Hinblick auf das Begriffsmerkmal der „tödlichen Waffe" genommen hat. Das Reichgericht hielt, unter Berufung auf die „Intention des Gesetzgebers", eine abstrakte Begriffsbestimmung für erforderlich; es fragte infolgedessen nur „nach der Beschaffenheit der Waffe an sich, der ihr zukommenden Eigenschaft, in abstracto tödlich zu wirken"[70]), und lehnte es ab, auf die Art und die konkreten Umstände des Kampfes, insbesondere die Schutzvorrichtungen der Duellanten, einzugehen, so daß es zur Annahme der

---

zu § 626 Anm. 3 [8. Auflage]) oder Sache der „tatsächlichen Feststellung" (vgl. z. B. RGSt. 10, 146) und damit der revisionsrichterlichen Nachprüfung entzogen. So richtig das prozessuale Ergebnis ist, so falsch ist die Art seiner Begründung. „Tatfrage" ist nur die Feststellung der als relevant in Betracht kommenden Umstände des Einzelfalles. Die Frage, ob auf Grund dieser tatsächlichen Feststellungen die Voraussetzungen des wertausfüllungsbedürftigen Begriffes angenommen werden müssen, ist eindeutig „Rechtsfrage" (zutreffend Nikisch, Arbeitsrecht, 2. Auflage, S. 596, zu § 626 BGB). Die Lösung der Rechtsfrage vollzieht sich hier aber in einem erkennbar zweiteiligen Beurteilungsvorgang: a) in der Beurteilung nach den allgemeinen, begrifflichen Richtlinien, der generellen Wertstruktur des Begriffes, b) in dem intuitiven Wertungsakt auf Grund der Anschauung der Fall-Individualität. Während die Ausführungen des richterlichen Urteils zu a) infolge ihres allgemeinbegrifflichen Charakters in der Revisionsinstanz überprüfbar sind, entzieht sich die Beurteilung zu b) der revisionsrichterlichen Nachprüfung, weil der intuitive Wertungsakt die unmittelbare Anschauung der Fallindividualität voraussetzt, die dem Revisionsgericht vorenthalten ist. Dieser Teil der Anwendung des Rechtsbegriffes ist damit der tatrichterlichen Würdigung überlassen.

Wir gelangen damit zu dem interessanten Ergebnis, daß bei den wertausfüllungsbedürftigen Begriffen ein Teil der „Rechtsfrage" der Revisibilität entzogen ist, eine Feststellung, die — wie auch andere Problemstellungen — erneut zum Nachdenken über die Abgrenzung des revisiblen und des irrevisiblen Bereiches des Urteils Anlaß geben sollte.

[70]) RGSt. 8, 87 ff. (89).

generellen Strafbarkeit der studentischen Mensur mit geschliffenen Schlägern gelangte. Es ist bekannt, daß unser höchster Gerichtshof trotz nahezu einhelliger Ablehnung durch das Schrifttum bei seinem Standpunkt verblieb[71]). Dieser ist nun allerdings deshalb unhaltbar, weil er von einem rein abstrakten Begriff ausgeht, den es nicht gibt, und zwar deshalb nicht, weil die „Tödlichkeit" der Waffe nicht eine dieser selbst innewohnende Eigenschaft bezeichnet, sondern eine Wirkung, die nur durch ihren Gebrauch hervorgerufen werden kann. Eine „Tödlichkeit" der Waffe „an sich" ist also undenkbar; es muß stets ein Bezug der Eigenschaft der Waffe (z. B. die Geschliffenheit der Klinge des Schlägers) zu dem In-Wirksamkeit-Setzen der Waffe (Ausführen von Schlägen nach einem Gegner) hergestellt werden. So wurde der Bundesgerichtshof, der sich mit der Auffassung des Reichsgerichts auseinanderzusetzen hatte[72]), zwangsläufig dazu geführt, den Gebrauch der Waffe in die Beurteilung ihrer „Tödlichkeit" einzubeziehen, also den Boden der rein „abstrakten" Auslegung zu verlassen. Damit stand aber die Frage noch durchaus offen, ob er sich auf eine abschließend typisierende Betrachtung beschränken oder individualisierenden Momenten Einfluß auf die Entscheidung geben werde. Zunächst einmal mußte der beschrittene Weg zu einer Typenbetrachtung Anlaß geben: Die studentische Schlägermensur wird üblicherweise unter Schutzmaßnahmen ausgefochten, die lebensgefährliche Verletzungen normalerweise ausschließen; also fehlt es bei ihr im allgemeinen an dem Gebrauch „tödlicher Waffen"[73]).

Ausschlaggebend für unsere Fragestellung ist nun, ob diese Typenbetrachtung die letzte, unabänderliche, sozusagen durch eine unwiderlegliche Vermutung für die Regelhaftigkeit getragene Entscheidung liefert oder ob sie im atypischen Fall ein Eingehen auf die abweichenden individuellen Momente zuläßt. Wäre das erstere der Fall, so müßte die Tatsache, daß die Mensur ohne Schutzmaßnahmen überhaupt oder – was praktisch sehr wohl in Frage kommt – ohne ausreichende, die Lebensgefahr nach menschlichem Ermessen ausschließende Schutzvorrichtungen durchgeführt wird, an dem generellen Urteil, wonach es bei der Mensur als Typenerscheinung an der „Tödlichkeit" des Waffengebrauchs fehlt, nichts ändern, also den Freispruch nicht ausschließen können. Dies ist aber keineswegs die Auffassung des Bundesgerichtshofes. Er läßt vielmehr durchaus erkennen, daß er im

---

[71]) Vgl. RGSt. 60, 257.

[72]) BGHSt. 4, 24 ff.

[73]) In der genannten Entscheidung (a.a.O. S. 26) heißt es von der Waffe: es komme darauf an, „wie sie gehandhabt zu werden pflegt. Gerade wenn man davon ausgeht, daß nicht die Handhabung im Einzelfall, sondern die allgemein übliche Handhabung entscheidend sei, so wäre der Schläger keine tödliche Waffe. Schläger werden üblicherweise nur zu Mensuren verwendet, bei denen lebensgefährliche Verletzungen weder beabsichtigt sind noch vorzukommen pflegen. Außerhalb solcher ungefährlichen Mensuren verwendet niemand einen Schläger als Waffe. Selbst wenn das vor Zeiten geschehen sein sollte, so ist es doch seit Jahrzehnten nicht mehr üblich und auch nicht mehr vorgekommen. Sollte es wirklich auch heutzutage einmal geschehen, so wäre das ein einzelner Ausnahmefall, der ... den Schläger nicht ganz allgemein zu einer tödlichen Waffe machen würde."

atypischen Fall[74]) den Regreß auf die individuellen Umstände in dem Sinne zuläßt, daß ihre Berücksichtigung die Annahme der „Tödlichkeit" des Waffengebrauchs, also die regelwidrige Strafbarkeit der Schlägermensur, im Einzelfall begründen kann. Damit haben wir ein gewiß eindrucksvolles Beispiel dafür, wie sich in der Rechtsprechung die Abkehr von der „abstrakten" und die Freigabe der individualisierenden Betrachtung vollzieht. Eine Fundgrube solcher Beispiele liefern uns ferner diejenigen Tatbestände der Körperverletzung, die deren „Gefährlichkeit" (im Hinblick auf die Begehungsweise) und „Schwere" (im Hinblick auf die Folgen) als Qualifikationsmoment behandeln (§§ 223a, 224 StGB). Der Gesetzgeber hätte hier durch Verwendung von Generalklauseln dem Rechtsanwender eine allgemeine Anweisung zur rein individualisierenden Behandlung der qualifikationswürdigen Einzelfälle erteilen können. Er glaubte jedoch, der Praxis durch tatbestandlich-begriffliche Qualifikationsmomente einen Halt geben zu müssen, wobei er allerdings insofern zu weit ging, als er seine Kasuistik nicht lediglich als beispielgebend, sondern als abschließend gestaltete[75]). Da aber ein Teil der gesetzlich hervorgehobenen Qualifikationsmomente eine mehr oder weniger große Unbestimmtheit des Begriffes aufweist, wurde auch hier die Rechtsprechung vor die Wahl gestellt, sich entweder für eine abschließend generalisierende Auslegung oder für die Freigabe der Einzelfallbeurteilung zu entscheiden. Die Art, wie sie diese Wahl getroffen hat, ist also in hohem Maße symptomatisch für ihr Verhältnis zur Individualität des Falles.

Bei genauerem Zusehen zeigt sich, daß in der Entwicklung der Rechtsprechung zwar keine grundsätzlich klare Linie vorliegt, wohl aber mancher Schritt zur individualisierenden Behandlung der hier in Betracht kommenden Qualifikationsmomente getan worden ist. In der Beurteilung der Frage, wann ein bei der Körperverletzung benutztes Werkzeug als „gefährlich" anzusehen sei, hat die Rechtsprechung des Reichsgerichts — anders als in der Stellungnahme zur „Tödlichkeit" der Waffe beim Zweikampf — von vornherein den Fehler vermieden, rein „abstrakt" zu verfahren, d. h. auf die Eigenschaft des Werkzeuges „an sich", ohne Rücksicht auf seinen Gebrauch, abzustellen; wohl aber hielt sie es ursprünglich für geboten, die Frage nach der Gefährlichkeit ausschließlich an dem bestimmungs- und erfahrungsgemäßen Gebrauch des Werkzeuges auszurichten. Eine im Einzelfall erfolgte atypische Verwendung des Werkzeuges sollte außer Betracht

---

[74]) Als solchen erwähnt der BGH (a.a.O. S. 26) beispielsweise denjenigen, in dem nur einer der Kämpfer mit Schutzvorrichtungen versehen ist. Leider ist der praktisch wichtige Fall unzureichender Schutzmaßnahmen nicht erwähnt.

[75]) In den deutschen Strafgesetzentwürfen hat sich nach anfänglichem Schwanken zwischen der reinen Generalklausel-Gesetzgebung und der reinen Kasuistik die Mittelform der Richtliniengebung mit exemplifikatorischer Fallgruppen-Ergänzung durchgesetzt, die den Vorzug hat, der Praxis eine allgemeine Richtung zu geben und dadurch auf eine gewisse Gleichmäßigkeit hinzuwirken, aber auch in weitem Umfange die Individualisierung zuzulassen. Vgl. dazu Engisch, Konkretisierung, S. 80.

bleiben[76]) und keinen Einfluß auf das Urteil gewinnen. Daraus ergab sich eine zweifache unerfreuliche Konsequenz: Einerseits wurde die mittels eines im typischen Gebrauch gefährlichen Werkzeugs geschehene, aber in concreto ungefährliche und auch sonst nicht schwerwiegende Körperverletzung (wie z. B. ein leichter Rippenstoß mit dem geladenen Gewehr) der erheblichen Strafverschärfung des § 223 a StGB unterstellt, andererseits jedoch die Qualifikation verneint, wenn ein in der bestimmungs- und erfahrungsgemäßen Verwendung harmloses Werkzeug zu einem in concreto höchst gefährlichen Angriff auf die körperliche Integrität verwendet wird (wie z. B. eine Stricknadel oder ein Federhalter zu einem heftigen Stoß ins Gesicht). Entscheidungen unter so offensichtlicher Vernachlässigung der Gerechtigkeitsidee konnten nur aus einer verkrampften Bestimmtheitserwartung erklärt werden, für die ein Hinausgreifen über den Bereich generalisierender Betrachtung als unerträgliches Unsicherheitsmoment galt. Erfreulicherweise hat sich hier später die Auffassung durchgesetzt[77]), daß bei der Beurteilung der „Gefährlichkeit" des Werkzeuges die konkreten Umstände seiner Verwendung zu berücksichtigen sind. Da sie in höchst mannigfacher, unvoraussehbarer und nicht formulierbarer Weise in Erscheinung treten können, ist ein Rückgriff auf die Individualität des Falles unerläßlich. – Entsprechendes hat die höchstrichterliche Judikatur zu der Körperverletzung mit dem Qualifikationsmoment der „das Leben gefährdenden Behandlung" (§ 223 a StGB) zum Ausdruck gebracht. Hier wurde von vornherein als Beurteilungssubstrat der Fall in seiner ganzen Eigenart bezeichnet[78]) und hervorgehoben, daß bei der Frage der Lebensgefährdung besonders auch die „individuelle Leibesbeschaffenheit" des Verletzten, d. h. die Widerstandskraft des Betroffenen gegenüber dem verletzenden Eingriff, von Bedeutung sei[79]).

Doch glaubte man, die Beurteilung der Gefahr selbst auf eine generalisierende Linie zurückführen zu müssen, indem man einen „abstrakten" Gefahrbegriff zu Grunde legte, demzufolge es nicht auf eine im konkreten Fall eingetretene Lebensgefahr, sondern auf die nach der allgemeinen Lebenserfahrung in Rechnung zu stellende Gefährdung des Lebens an-

---

[76]) RGSt. 4, 397.

[77]) Vgl. RG., JW. 1938, 30; Leipz. Komm. zu § 223 a, Anm. II, 1 S. 233; Welzel, Deutsches Strafrecht (5. Aufl.), S. 28/29; Dreher-Maassen zu § 223 a, Anm. 2.

[78]) RGSt. 6, 396/97; 10,1.

[79]) Eine Parallele für diese individualisierende Betrachtung besteht in der Handhabung des Tatbestandes der Giftbeibringung (§ 229 StGB), der bei dem verwendeten Gift die Eignung zur Zerstörung der Gesundheit voraussetzt. Nach ständiger Rechtsprechung (vgl. BGHSt. 4, 278) genügt hierzu nicht, daß das Gift seinem Wesen nach die bezeichnete Wirkung haben kann, sondern es wird gefragt, ob es diese Eignung im Hinblick auf die im gegebenen Fall beigebrachte Menge, die Art der Verabreichung sowie die Körperbeschaffenheit des Opfers besitzt.

kommen soll[80]). Ganz abgesehen von der Frage, ob die Unterscheidung zwischen einer „wirklichen" (aber eben nicht zur Realisierung gekommenen) und einer „gedachten" Lebensgefahr überhaupt durchführbar ist, dürfte es sich empfehlen, die individualisierende Betrachtung hier zu Ende zu führen, indem der durchaus geläufige Begriff der „konkreten" Gefährdung verwendet wird[81]). Schließlich mag noch darauf hingewiesen werden, wie die Rechtsprechung sich mit der Qualifikation der Körperverletzung auseinandergesetzt hat, die nach dem Gesetz dann gegeben sein soll, wenn der Verletzte „in erheblicher Weise dauernd entstellt wird" (§ 224 StGB). Was zunächst den Begriff der „Entstellung" anbelangt, so läßt er sich als eine wesentliche unästhetische Veränderung der äußeren Gesamterscheinung des Menschen umschreiben[82]). Da das ästhetische Bild maßgeblich ist, konnte die Rechtsprechung, zunächst durchaus generalisierend, davon ausgehen, daß nur die Betroffenheit solcher Körperteile in Betracht kommt, die nicht verdeckt zu werden pflegen. Von hier aus aber stellt sich unweigerlich die Frage: von wem nicht verdeckt zu werden pflegen? Damit beginnt die Reihe der spezifizierenden Überlegungen, die das Reichsgericht dazu führten, es auf die „natürlichen und sozialen Lebensverhältnisse des Verletzten" abzustellen[83]), also auf die Unterschiede in der Kleidung von Männern und Frauen sowie auf sonstige Differenzierungen einzugehen, die schließlich auch ganz spezifische Erscheinungsbilder einbeziehen (die Narbe am Bein der Tänzerin!), so daß der Betrachtungsbereich sich dem Individuellen der Fallgestaltung zum mindesten annähert. Aber was hier vielleicht an letzter Individualisierung noch fehlt, wird durch das Erfordernis der „Erheblichkeit" der Entstellung unumgänglich notwendig. Schließlich und endlich läuft das Urteil auf einen intuitiven Wertungsakt auf Grund der unmittelbaren Anschauung der Fallerscheinung hinaus, was keineswegs verwunderlich ist, weil es um ein ästhetisches Urteil geht, das seiner Natur nach in die Kategorie der intuitiven Wertungen gehört. Es war deshalb durchaus zutreffend, daß das RG von Anfang an erklärte[84]), es handele sich hier um einen Gegenstand der tatrichterlichen Würdigung, die nur aus der

---

[80]) Nach RGSt. 6, 396, kommt es nicht darauf an, „ob in irgendeinem Zeitpunkt tatsächlich eine imminente Lebensgefahr als Folge der Mißhandlung eingetreten ist, sondern lediglich darauf, ob die „Behandlung" geeignet war, eine solche Lebensgefahr herbeizuführen". Ebenso der BGH (BGHSt. 2, 160 ff., 163), unter Bezugnahme auf die RG-Rechtsprechung: Die Behandlung „braucht das Leben des Mißhandelten im Einzelfall nicht äußerlich erkennbar wirklich in Gefahr gebracht zu haben. Es genügt, daß sie sich wegen ihrer allgemeinen Gefährlichkeit dazu eignet".

[81]) So die in der Lehre vordringende Meinung: Vgl. Mezger, Studienbuch II (Strafrecht, Besonderer Teil) S. 42; Welzel, Deutsches Strafrecht (5. Aufl.) S. 214.

[82]) So Leipz. Komm. (Nagler-Schaefer) zu § 224 II, S. 239.

[83]) Vgl. RGSt. 14, 344; im Anschluß daran ständige Rechtsprechung.

[84]) RGSt. 3, 391.

Unmittelbarkeit der getroffenen Feststellungen hinsichtlich aller relevanten Umstände des Falles gewonnen werden kann[85]).

Mit dem Stichwort „tatrichterliche Würdigung" ist für uns der Anlaß gegeben, der uns zur Besinnung auf die Gesamtbedeutung dessen hinlenkt,

---

[85]) Auffallenderweise hat dagegen die Rechtsprechung des RG bei der Entscheidung, wann die Körperverletzung durch den Verlust eines „wichtigen Gliedes des Körpers" (§ 224 StGB) qualifiziert sei, keine Ansatzpunkte für eine individualisierende Behandlung erbracht, sich vielmehr an ein rein generalisierendes Moment gehalten: es komme darauf an, „welche Wichtigkeit das verlorene Glied allgemein, d. h. für den Menschen überhaupt, hat" (RGSt. 62, 161). Hiernach wird der Verlust des Ringfingers nicht als Qualifikationsmoment beurteilt; mit ihm sei „keine so erhebliche Beeinträchtigung der für jedermann in Betracht kommenden menschlichen Lebensbetätigungen verbunden, daß darin ... der Verlust eines wichtigen Gliedes des Körpers zu erblicken wäre" (a.a.O. S. 162). In dem durch RGSt. 64, 201, behandelten Fall hatte der Vorderrichter berücksichtigt, daß der Verletzte, der infolge der Körperverletzung das obere Glied des linken Daumens verloren hatte, Schlosser und Linkshänder, also in seiner Berufsausbildung erheblich beeinträchtigt war. Das RG lehnt es jedoch ab, die Entscheidung über das Qualifikationsmoment von der persönlichen Beschaffenheit und den besonderen Verhältnissen des Verletzten abhängig zu machen, verbleibt vielmehr dabei, es sei nur maßgeblich, „ob der Verlust des Gliedes für j e d e n normalen Menschen eine wesentliche Beeinträchtigung des gesamten Körpers in seinen regelmäßigen Verrichtungen, insbesondere hier des Greifens, Festhaltens und Arbeitens, bedeutet" (a.a.O. S. 202). Jedoch ist mit dem Gesichtspunkt der „Arbeit", wenn man sie im Sinne der Berufsarbeit auffaßt, bereits die Weiche für eine von der eindeutigen Linie der Generalisierung hinwegführende Spezifizierung gestellt, die zwangsläufig zum mindesten auf spezifizierende Typenbildung je nach der Berufsstellung des Betroffenen hinausläuft (in diesem Sinne: Schönke-Schröder zu § 224 II, 1, S. 643): Der Verlust des Ringfingers z. B. ist typischerweise nicht für den Lehrer oder Eisenbahner, wohl aber für den Berufsmusiker von einschneidender Bedeutung. Sobald aber die Ebene der Spezifizierung betreten ist, gelangt man unaufhaltsam zu weiteren Differenzierungen, da jede a b s c h l i e ß e n d e Typenbildung als willkürlich empfunden werden muß. Der Verlust des 4. Fingers ist nicht für jeden Musiker in dem bezeichneten Sinne „wichtig"; selbst für den Geiger z. B. käme es darauf an, ob es sich um den 4. Finger der linken oder der rechten Hand handelt. Ferner ist von Bedeutung, ob der Betreffende als Orchestermusiker in bescheidener Funktion oder als Solist tätig war bzw. ist. In der einmal eingeschlagenen Differenzierungslinie können aber auch andere Gesichtspunkte nicht unberücksichtigt bleiben (Linkshänder!), Gesichtspunkte von unübersehbar vielfältiger Art (z. B. auch die Frage, ob eine Berufsumstellung einfach unzumutbar ist), so daß letztlich nur die individualisierende Betrachtung zu befriedigenden Ergebnissen führen kann: Entscheidend für die „Wichtigkeit" des Verlustes ist die Beeinträchtigung, die der individuell Betroffene in seiner gesamten Lebensführung erleidet (so mit Recht: Leipz. Komm. (Nagler-Schäfer) zu § 224 II, S. 239, im Anschluß an B i n d i n g I, 49, M a u r a c h, Strafrecht, Besonderer Teil, S. 73; ablehnend allerdings W e l z e l, S. 230, der hier im Gegensatz zu seiner sonst individualisierenden Auslegung der Qualifikationsmomente der Körperverletzung (vgl. oben Anm. 77, 81) eine generalisierende Betrachtung vertritt). Daß gerade hier die Ausrichtung des Wertungsaktes auf die als relevant in Betracht kommende Individualität des Falles zu einer unerträglichen Unsicherheit der Rechtsanwendung führen müsse, ist nicht einzusehen. Nur darf allerdings die „subjektive" Beurteilung der Wichtigkeit des Verlustes seitens des Betroffenen nicht von Einfluß sein, sondern es muß bei dem „objektiven" Urteil verbleiben, wie der Verlust — unter Berücksichtigung aller persönlichen Verhältnisse des Verletzten — v e r s t ä n d i g e r w e i s e einzuschätzen ist. Die Einbeziehung des Individuellen darf also nicht zu einem Abgleiten des Urteils ins „Subjektive" führen. Wird dies vermieden, so vermag es die individualisierende Betrachtung, wie gleich zu erörtern sein wird, den Anforderungen der Rechtsidee in weit höherem Maße gerecht zu werden, als die hier noch herrschende allzu starre generalisierende Tendenz der bisherigen Rechtsprechung.

was sich hier in einem kleinen, aber beispielhaften Sektor der Rechtsprechung vollzogen hat. Dem Strafgesetzgeber, der sich innerhalb des eben besprochenen Regelungsbereiches für die Methode der abschließenden Kasuistik entschied, mochte vorschweben, daß er damit der Rechtsprechung feste, begrifflich subsumierbare Tatbestandselemente an die Hand gebe und dadurch die Gleichmäßigkeit der Rechtsprechung sowie voraussehbare Entscheidungen sicherstelle. Auch die obergerichtliche und höchstrichterliche Rechtsprechung zeigt unverkennbar die Tendenz, einen unantastbaren Bereich des Revisiblen, also des Generell-Überprüfbaren, zu erhalten, sieht sich aber mehr und mehr gezwungen, Teilbereiche der Urteilsbildung in der Handhabung der erwähnten Qualifikationsmomente der Revisibilität zu entrücken und der tatrichterlichen Würdigung zuzuweisen, in der Erkenntnis, daß Gleichmäßigkeit – auf Grund der Vergleichbarkeit der Fälle – nur im Bereich des grundlegenden Begriffsgefüges, also nur richtlinienmäßig, nicht aber in der letztlichen Ausformung des Urteils in Bezug auf den Einzelfall möglich ist. Die gleiche Einsicht, die den Gesetzgeber veranlaßt hat, die „besonders schweren Fälle" dem richterlichen Tatbestands- und Rechtsfolgeermessen zu überlassen, liegt der erkennbar steigenden Individualisierungstendenz der höchstrichterlichen Rechtsprechung in unserem Blickfeld zu Grunde: daß es in dem Unrechtsgehalt beachtliche, aber so feine Gradunterschiede gibt, daß sie nicht mehr abschließend begrifflich-formelhaft von einander abgegrenzt, sondern wegen der unübersehbaren Differenziertheit in der letzten Entscheidung der an der Individualität des Falles ausgerichteten tatrichterlichen Beurteilung überlassen werden müssen. Wenn bei den zur Exemplifizierung herangezogenen Körperverletzungen die Auswirkungen der Tat weitgehend und in steigendem Maß in ihrer individuellen Bedeutung berücksichtigt werden, so äußert sich darin auch ein vertieftes Verständnis für den Verletzten, bei dem die durch die Tat hervorgerufene Erschütterung des Rechtsbewußtseins vielfach gerade durch die individuellen Schadensmomente mitbestimmt wird (die Tänzerin ist durch die entstellende Narbe am Bein oder Arm berufsunfähig geworden), so daß hier Veranlassung besteht, durch das Mittel der Straferschwerung zu Lasten des Täters für Wiederherstellung des gestörten Gleichgewichts und des Rechtsfriedens zu sorgen, soweit dies in den Wirkungsmöglichkeiten der Rechtspflege liegt.

Wenn das individuelle Schadensmoment erwähnt wird, ergibt sich die Gelegenheit, in diesem Zusammenhang auf einen anderen Tatbestand hinzuweisen, in dem dieses Element eine wesentliche Rolle spielt: die Schadensberechnung beim Betrug. Der Übergang der höchstrichterlichen Rechtsprechung von der abstrakt-generalisierenden zur „konkreten" oder individualisierenden Beurteilung des Vermögensschadens des Betroffenen gehört zu den sensationellen Wendungen der Judikatur, die so bekannt sind, daß sie keiner näheren Darstellung bedürfen[86]). Die praktische Hauptfolge liegt darin, daß die Erfüllung des Betrugstatbestandes auch in Fällen bejaht wird, in denen der Betroffene für seine Leistung eine nach genereller Beurteilung vollwertige Gegenleistung erhalten hat, die aber infolge seiner individuellen Verhältnisse für ihn unverwertbar oder nur minderen Wertes oder gar in irgendeiner Weise belastend ist. Es ist also wohl richtig, die vollzogene Wandlung als Übergang zu einer sozialen Betrachtungsweise des Vermögens und seines Trägers zu sehen, die den verfeinerten Gerechtigkeitsvorstellungen der Rechtsgemeinschaft entspricht[87]).

Den dem Strafrecht entnommenen Beispielen mögen wenigstens zwei Stichproben aus dem Bereich des bürgerlichen Rechts gegenübergestellt werden. Die erste betrifft das Problem der Haftungsbegrenzung beim Schadensersatz. Während man ursprünglich glaubte, dem Problem durch Einschränkung auf Fälle adäquaten Kausalverlaufes bzw. durch Ausscheidung von Fällen inadäquaten Kausalverlaufes beikommen zu können, hat sich die Erkenntnis durchgesetzt, daß es um die Angemessenheit der Haftung geht, woraus sich die Folgerung ergibt, daß außer der Adäquanz des Schadenseintritts auch andere Gesichtspunkte für die Frage der Haftung nach Grund und Umfang maßgeblich sind, wie z. B. das Verhältnis von Tatschwere und Schadenswirkung, Art und Grad der Verantwortlichkeit des Schadensstifters, unterschiedliche Beteiligung und Verantwortlichkeit mehrerer Schadensverursacher. Durch solche Erwägungen mußte zwangsläufig die Überzeugung erschüttert werden, das Haftungsproblem durch generalisierende Beurteilung, mit Hilfe der festen Regel der Theorie der adäquaten Verursachung, und zwar durch begrifflich-deduktive Ableitung des Urteils aus dieser Formel, lösen zu können. Es setzte sich vielmehr das Bestreben durch, die vielfachen und im voraus unübersehbaren Besonderheiten des Einzelfalles bei der Haftungsbegrenzung zu berücksichtigen, mit anderen Worten: die Haftungsgrenzen der jeweiligen Fallgestaltung elastisch anzupassen. Auf welchem Wege dieses Ziel methodisch am besten zu erreichen sei, ob durch Heranziehung der Treu-und-Glaubens-Klausel, wie es in der höchstrichterlichen Rechtsprechung geschehen ist, oder durch Verweisung des Richters auf die Zumutbarkeitsklausel oder durch Herausarbeitung von Richtlinien für die Haftungsbegrenzung, darüber wird man streiten können und darüber wird es noch weiterer Auseinandersetzungen bedürfen. Die Methode einer behutsamen,

---

[86]) Die Ausführungen der Vereinigten Senate des Reichsgerichts hierzu (RGSt. 16, 1 ff.) gehören zu den klassischen Entscheiden, die aus der Sachgegebenheit der Materie die Notwendigkeit der – vom RG bereits damals so bezeichneten – „Individualisierung" entwickeln.

[87]) Vgl. Maurach, Strafrecht, Besonderer Teil (2. Auflage), S. 283/84; hier wird zutreffend hervorgehoben, daß es sich um eine objektiv-individualisierende Betrachtung handelt, die kein Nachgeben gegenüber subjektiven Wertungen des Betroffenen erfordert, so daß dessen affektive, nicht aus den Verhältnissen begründete Abwertung des Vermögensgegenstandes außer Betracht zu bleiben hat (so bereits das RG a.a.O. S. 10).

auf der Fallerfahrung basierenden Richtliniengebung durch das vereinte Bemühen von Rechtsprechung und Zivilrechtsdogmatik scheint am meisten erfolgversprechend auf dem Wege, das früher allzu starre Haftungsrecht durch Hineintragen individualisierender Elemente aufzulockern, ohne es einer vagen, rein gefühlsmäßig bestimmten Billigkeitshaftung auszuliefern[87a]).

Um noch eine weitere Stichprobe aus dem Bürgerlichen Recht zu bringen, sei hier auch die Rechtsprechung erwähnt, die sich mit dem Irrtum über wesentliche Eigenschaften der Person oder Sache bei Abgabe rechtsgeschäftlicher Willenserklärungen (§ 119 II BGB) befaßt. Sicherlich konnte gerade hier die Fassung des Gesetzes („Eigenschaften..., die im Verkehr als wesentlich angesehen werden") Anlaß dazu geben, sich bei der Beurteilung der „Wesentlichkeit" auf eine typisierende Betrachtung zu beschränken[88]). Von ihr allerdings wird man naturgemäß ausgehen und danach fragen, ob die betreffende Eigenschaft nach der Art des abgeschlossenen Rechtsgeschäftes (Kaufvertrag, Bürgschaft, Adoptionsvertrag) von Bedeutung zu sein pflegt und ob „man" sie im Verkehr als erheblich einschätzt. Allein die Entwicklung der Rechtsprechung hat gezeigt, daß es, um befriedigende Lösungen zu erzielen, manchmal – keineswegs immer! – notwendig ist, die Besonderheiten des einzelnen Rechtsgeschäfts zu beachten und die Frage der „Wesentlichkeit" einer zum Geschäftsinhalt gemachten Eigenschaft gerade an der eigentümlichen Fall-Individualität auszurichten, außerdem aber auch bei der Beurteilung auf den Parteiwillen Rücksicht zu nehmen. Sicherlich scheint gerade das letztere der Fassung des Gesetzes zu widersprechen („im Verkehr... wesentlich"), aber trotzdem das Argument zu überwiegen, daß es der Standpunkt des „Verkehrs" sei, eben den Parteiwillen zur Geltung kommen zu lassen. Auf diese Weise hat sich nicht nur eine individualisierende Betrachtung des abgeschlossenen Rechtsgeschäfts, sondern eine den subjektiven Standpunkt der rechtsgeschäftlichen Partner miteinbeziehende Auffassung durchgesetzt[89]), die nur insoweit zu objektivieren ist, als daran festgehalten werden muß, daß innerhalb des vom Parteiwillen geprägten Rechtsgeschäfts lediglich solche Eigenschaften als wesentlich erscheinen können, die „man" verständigerweise so beurteilt.

---

[87a]) Heinrich Lange, Herrschaft und Verfall der Lehre vom adäquaten Kausalzusammenhang, Arch.ziv.Pr. Bd. 156, 114 ff., hat das Problem nach dem neuesten Stande eingehend dargestellt und überzeugende Vorschläge für eine Lösung durch Richtliniengebung herausgearbeitet.

[88]) So in der Tat: Enneccerus, Lehrbuch, Allgemeiner Teil, (12. Auflage) § 157: solche Eigenschaften, die im Verkehr typischerweise als erheblich angesehen werden.

[89]) Aus der Literatur vgl.: Enneccerus-Nipperdey, Allgemeiner Teil des Bürgerlichen Rechts, 2. Halbband, 14. Auflage, (1955), S. 723; Lange, BGB Allgemeiner Teil (2. Auflage) S. 338; Raape, AcP Band 150, S. 501 (treffend: „Der Weg zum Richtigen geht nur durch die Beobachtung der einzelnen Geschäftsarten und des einzelnen Geschäfts"); zahlreiche Anwendungsfälle aus der Rechtsprechung bei Palandt (14. Auflage) zu § 119 BGB, Anm. 4, S. 90.

Wenn wir nun das bisher Besprochene überblicken, könnte der Eindruck entstehen, als ob die individuellen Merkmale des Falles auf die Anwendung des gesetzlichen Tatbestandes nur dort Einfluß zu gewinnen vermöchten, wo es sich um „unbestimmte" Begriffe handelt, natürliche, normative, insbesondere wertende Begriffe, die in der gesetzlichen Ausprägung, sofort erkennbar, wenn auch in unterschiedlichem Maße, offen geblieben und damit in dem Sinne ausfüllungsbedürftig sind, daß der Rechtsanwender ihnen den für die Einzelentscheidung maßgeblichen Inhalt erst aus der Anschauung des zu beurteilenden Falles gibt. Wäre dem so, dann hätte der Einfluß der Fall-Individualität auf die Rechtsanwendung als lokalisiert, und zwar auf gewisse, traditionell hervorgehobene Begriffsgruppen der gesetzlichen Tatbestände beschränkt, zu gelten. Allein das trifft nicht zu. Die Charakterisierung eines gesetzlichen Tatbestandsmerkmals als „unbestimmt" setzt im Grunde die Überzeugung voraus, daß es sich hier um eine Ausnahmeerscheinung handelt, die dem Regelerfordernis der Bestimmtheit der gesetzlichen Begriffe nicht genügt. Diese Auffassung ist aber durch die Entwicklung unserer Methoden der Auslegung längst überholt. Der Glaube an ein Regel-Ausnahme-Verhältnis in dem bezeichneten Sinne konnte nur so lange bestehen, als man die Auslegung für eine eindimensionale Tätigkeit hielt und bei ihr bestimmte Denkmethoden (wie etwa diejenige der Begriffsjurisprudenz) verabsolutierte, denen gegenüber sich die gesetzlichen Begriffe regelmäßig als „bestimmt", d. h. mit der gewählten Methode zu eindeutigen Ergebnissen führend, erwiesen. Wir wissen heute, daß viele Begriffe des Gesetzes – zwar nicht in allen, aber doch in manchen Fällen – eine mehrdimensionale Auslegung oder, wenn man so will, eine Auslegung in verschiedenen Schichten und demgemäß in einer Folge von Denktätigkeiten erfordern, bei denen sich insbesondere der Unterschied zwischen dem logischen und dem emotionalen Denken geltend macht. Nur solange wir uns in der Schicht der sprachlichen und der logischen Auslegung befinden, hat die Auslegung die Tendenz der Generalisierung, strebt sie von der Einzelheit des Falles hinweg zur Subsumtion unter das Wort oder den gedachten Begriff, die beide ein Einordnen des Vergleichbaren unter das vom Wort oder Begriff erfaßte Gleichartige und damit das Abstrahieren vom Individuellen voraussetzen. Ermöglichen aber beide Methoden keine eindeutigen und befriedigenden Lösungen im Einzelfall, so zeigt sich, daß der gesetzliche Begriff, mag er auf den ersten Blick noch so „bestimmt" erscheinen, dennoch einen gewissen Raum enthält, in den der sprachliche und logische Subsumtionsakt nicht hineinreicht, einen Raum, der also noch „offen" und ausfüllungsbedürftig ist. Setzen wir, um aus den mehreren sprachlich und begrifflich möglichen Entscheidungen die angemessene zu finden, nunmehr mit der teleologischen Betrachtung ein, so richtet sich unser emotional bestimmtes, auf Zweckverwirklichung ausgehendes Denken durchaus dem Einzelnen und Eigentümlichen des Falles zu. Während der gesetzliche Begriff, solange er auf logischem Wege gesucht wird, eine vielleicht verschieden deutbare, aber doch in jeder der möglichen Bedeutungen feste und unveränderliche Größe darstellt, verliert er seine Festigkeit, wenn er in den Prozeß der teleologischen Betrachtung hineingerückt wird; er wird zu einer variablen Größe, die sich den bestimmenden, im einzelnen unübersehbar vielfältigen und wandelbaren Zwecken anpaßt. Seine Anwendung auf den Einzelfall kann daher stark durch die Individualität des Falles geprägt sein. Wohlgemerkt: dies k a n n, muß aber nicht durchweg der Fall sein. Teleologisches Denken wird sich oft im Bereich typischer Zwecksetzungen halten können, darf aber hier keine Schranke finden, wenn die Eigenart der individuell gegebenen Zweckstrebungen rechtliche Beachtung erfordert. Das wird vor allem für die Lösung zivilrechtlicher Fälle gelten, wenn sie nach der Methode der Interessenjurisprudenz behandelt werden; denn hier geht es immer zunächst darum, die real gegebenen Strebungen der Partner eines Rechtsverhältnisses, die, wenn sie dem Richter zum Austrag unterbreitet werden, meist als Interessenkonflikt in Erscheinung treten, nach allen Seiten hin anschauungsmäßig zu durchdringen, also zu einer Interessengliederung des Falles zu gelangen. Wenn dieser Fall alsdann zu der dem Gesetz zu Grunde liegenden Interessenlage und Interessenabwägung in Bezug gesetzt, unter einen Maßstab gebracht wird, werden es vielfach individuelle Züge des Einzelfalles sein, die bei der Frage der Anwendung oder Nichtanwendung des Gesetzes eine ausschlaggebende Rolle spielen[90]). Sind wir nun aber gar bei der Auslegung, sei es durch die Schicht der Zweck- und Interessenbetrachtung hindurchgehend, sei es vom Gesetzeswortlaut unmittelbar dorthin geleitet, auf eine Wertbetrachtung angewiesen, so eröffnen sich damit, wie wir hinlänglich gesehen haben, alle Möglichkeiten und Notwendigkeiten, der Individualität des Falles im entscheidenden intuitiven Wertungsakt Rechnung zu tragen. Oft werden wir auf diese Weise die Erfahrung machen, daß ein scheinbar „bestimmter" Begriff des Gesetzes, wenn wir uns nicht mit einer linearen Auslegung auf der Oberflächenebene begnügen, sondern auf die methodische Schichtenbetrachtung eingehen, bereits in der teleologischen Schicht die festen Umrisse verliert, um dann in der letztlich maßgeblichen Wertung ganz der Einzelfallbeurteilung, aus der Anschauung der Fall-Individualität, überliefert zu werden[91]).

---

[90]) Vgl. F r a g i s t a s, Festschrift für Martin Wolff, S. 55: „Die teleologische Methode berücksichtigt gerade die besonderen Umstände eines jeden Falles. Jeder Fall hat seine eigenen charakteristischen Züge. Der Maßstab – d. h. der Zweck des Gesetzes – bleibt derselbe. Gemäß diesem Maßstab wird aber jeder Fall nach seinen individuellen Zügen beurteilt. Was in einem Falle dem Zweck des Gesetzes entspricht, kann in einem anderen Falle dem Sinn des Gesetzes widersprechen."

[91]) Greifen wir aus vielen möglichen Beispielen ein einziges heraus: die Qualifizierung der Körperverletzung bei Verlust des Seh- oder Hörvermögens (§ 224 StGB). Sprachlich-begrifflich erfüllt nur die vollständige Einbuße dieses Vermögens die scheinbar bestimmt vorgezeichnete gesetzliche Voraussetzung. Aber der daraus gezogene Schluß, daß noch so erhebliche Verminderungen des Seh- oder Hörvermögens unberücksichtigt zu bleiben haben, könnte nicht befriedigen. Die Praxis ist daher hier frühzeitig teleologisch vorgegangen, indem sie nach Sinn und Zweck des Gesetzes solche Herabminderungen des Seh- und Hörvermögens dem „Verlust" gleichgestellt hat, die das Vermögen für das praktische,

Sicherlich ist damit keine Regelsituation des Auslegers bezeichnet, aber immerhin zum Ausdruck gebracht, daß mit der Ausweitung, Vertiefung und Differenzierung unserer Auslegungsmethoden die Räume der „Offenheit" und „Unbestimmtheit" in den vom Gesetz verwandten Begriffen sich in einem Ausmaß vermehrt haben, wie man es früher, etwa in der Zeit der Alleinherrschaft bzw. Vorherrschaft der begriffsjuristischen Methode, nicht für möglich oder tragbar gehalten hätte. Daß diese Unsicherheitsfaktoren heute nicht nur ertragen, sondern in ihrer günstigen Auswirkung auf die Auslegungsergebnisse bejaht werden, läßt erkennen, daß sich im juristischen Denken erhebliche Schwerpunktverlagerungen vollzogen haben.

Sie lassen sich im allgemeinsten Sinne dahingehend kennzeichnen, daß das logische Denken in der Rechtsanwendung seinen Ausschließlichkeitsanspruch verloren hat und in seiner Geltung, mag sie auch noch so grundlegend und bedeutend geblieben sein, doch erheblich zu Gunsten des voluntativen Zweckdenkens und der Wertbetrachtung reduziert ist, die beide vielfach den früher für entscheidend gehaltenen logischen Subsumtionsakt entweder ganz ersetzen oder zum mindesten maßgeblich ergänzen. Diese Bewegung in den Methoden der Rechtsanwendung wird naturgemäß ganz besonders dort sichtbar, wo die Rechtsprechung, sei es unter bloß lockerer Führung des Gesetzgebers, sei es ganz selbständig, die Grundlagen eines Rechtsgebietes herauszuarbeiten hatte, also in den „Allgemeinen Teilen" der einzelnen Rechtsbereiche. Es wäre daher eine wichtige und lohnende Aufgabe, diese Grundlagengebiete der Rechtsanwendung einer genaueren Sichtung zu unterziehen und einmal herauszuarbeiten, wie sich hier in der Entwicklung der Praxis die Grenzen zwischen den Geltungsbereichen des logischen und des emotionalen Denkens verschoben haben, wie weit insbesondere die teleologische und die wertende Betrachtung ihr Anwendungsgebiet auf Kosten der begrifflich-logischen Rechtsanwendung erweitert haben. Jede Feststellung eines Gebietszuwachses in letzterer Hinsicht könnte zugleich dartun, daß sich hier Möglichkeiten der Einwirkung der Individualität des Falles auf die teleologisch und irrational-wertend bestimmte Entscheidung entwickelt haben. Unser Thema, das nach allen Richtungen hin Türen und Fenster zu weiten Ausblicken aufstößt, könnte auch in dieser Hinsicht zu ausgedehnten Untersuchungen Anlaß geben. Jedoch muß der uns gesetzte enge Rahmen eingehalten und die Erörterung auf das geringstmögliche Maß eingeschränkt werden, das eben gerade noch hinreicht, um die angeschnittenen Fragen sichtbar zu machen. Dabei dürfte sich eine Auswahl von Beispielen aus dem Allgemeinen Teil des Strafrechts deshalb besonders empfehlen, weil hier die Rechtsprechung in ganz

---

insbesondere das berufliche Leben des Betroffenen wertlos machen (so die ständige Rechtsprechung des RG; vgl. RGSt. 71, 119; zustimmend M a u r a c h , Strafrecht, Besonderer Teil, S. 73). Wann die unterste Wertgrenze überschritten ist, läßt sich nicht starr nach Prozentzahlen der Herabminderung, sondern nur individualisierend beurteilen, wodurch der „bestimmte" Begriff in den Randbezirken fluktuierend wird.

besonderer Selbständigkeit gegenüber dem Gesetz, ja in weitem Umfange sogar ohne jeden Anhalt und Rückhalt im Gesetz, zu den grundlegenden Problemen dieses Rechtsgebietes Stellung zu nehmen hatte.

Beginnen wir mit der Frage der Abgrenzung des strafbaren Deliktsversuchs von der straflosen Vorbereitungshandlung. Entsprechend der herrschenden begriffsjuristischen Einstellung glaubte man ursprünglich, das für den Beginn der Strafbarkeit nach dem Gesetz maßgebliche Kriterium („Anfang der Ausführung" des Delikts) begrifflich-abstrakt für die in Betracht kommenden Deliktstatbestände bestimmen zu können, indem man es auf den Beginn der Tatbestandshandlung abstellte, den man durch sprachlich-begriffliche Deduktion aus dem Gesetz zu gewinnen versuchte. Allein diese sog. formal-objektive Abgrenzung[92]) des Verbrechensversuchs von der Vorbereitung hatte den berechtigten Einwand gegen sich, daß sie den Beginn des Versuchs vielfach zu spät eintreten läßt (beim Diebstahl: Beginn der „Wegnahme" erst mit dem Ausstrecken des Armes, bei der Tötung: Versuch erst mit dem Abdrücken des Revolvers usw.), vor allem aber, daß sie sich bei zahlreichen Tatbeständen als unanwendbar oder leistungsunfähig erweist, weil diese die Tatbestandshandlung nur sehr ungenau bezeichnen, so daß sich auch für deren Beginn keine präzise Formel aus dem Gesetz gewinnen läßt. Mit der sog. materiell-objektiven Betrachtung[93]), die es auf den Eintritt einer unmittelbaren Gefährdung des Rechtsgutes abstellt, war zwar die verfehlte Erwartung einer begrifflich-abstrakten Lösung des Problems aufgegeben und der Blick auf die konkrete Lage des Falles gelenkt, aber das Bedenken gegeben, daß das Kriterium der objektiven Gefährdung des angegriffenen Rechtsgutes nicht mit der herrschenden subjektiven Versuchsauffassung (Verbrechensversuch als Betätigung deliktischen Willens) vereinbar und zur Abgrenzung beim untauglichen Versuch ungeeignet sei[94]). Nach vielen Formulierungsversuchen hat sich nun in der Praxis folgende Richtlinie für die Abgrenzung durchgesetzt: bei der Beurteilung ist von dem individuellen Tatplan des Täters auszugehen und auf dieser Grundlage zu prüfen, ob der Täter bereits unmittelbar zur Verwirklichung des Verbrechenstatbestandes angesetzt hat[95]). Die Bezeichnung dieser Formel als „individuell-objektive Theorie"[96]) erscheint als durchaus glücklich, weil sie einerseits zum Ausdruck bringt, daß die Beurteilung nur aus der Gesamtschau der individuellen Umstände des Falles, insbesondere der Modalitäten des Tätervorsatzes, erfolgen kann, dabei aber „objektiv", d. h. vom Standpunkt eines vernünftig beurteilenden, die objektiven und

---

[92]) Auf sie hat sich das RG noch einmal in RGSt. 70, 151 ff. (157) festgelegt: „Der Versuch beginnt mit der Ausführungshandlung, nämlich mit dem Verhalten des Täters, das begrifflich bereits als tatbestandsmäßig unter den Tatbestand der Straftat fällt, weil es im gegebenen Falle dem dort allgemein unter Strafe gestellten Verhalten entspricht".

[93]) Sie gewann in der Rechtsprechung des RG das Übergewicht.

[94]) Vgl. Bockelmann, JZ 1954, 468 ff.

[95]) BGHSt. 7, 291.

[96]) So Welzel, Strafrecht (5. Auflage), S. 156.

subjektiven Tatmerkmale kennenden Zuschauers aus, erfolgen muß. Das Wesentlichste an dieser Entwicklung liegt für uns, im Rahmen unseres Themas, darin, daß man es als unmöglich eingesehen hat, für die Abgrenzung von Versuch und Vorbereitung eine Regel zu finden, aus der sich die Entscheidung für den Einzelfall logisch-deduktiv herleiten ließe. Was man gewonnen hat – und worüber man nicht hinauskommen wird –, ist nicht mehr als eine Richtlinie[97]), die dem Rechtsanwender zwar besagt, worauf es ankommt, die ihn aber im übrigen darauf verweist, sich eine unmittelbare Anschauung des gegebenen Falles mit seinem Außen- und Innenaspekt zu verschaffen und alsdann die ihm übertragene Wertung durchzuführen. Da die Hoffnung auf sichere Entscheidungen ohnehin nicht zu verwirklichen war, wird man es begrüßen dürfen, daß mit der gewonnenen Leitlinie zwar keine berechenbaren, wohl aber die der individuellen Tatsituation und dem Tatplan des Täters angemessenen Lösungen gefunden werden können[98]).

Ähnlich ist die Entwicklung bei dem Problem der Abgrenzung des strafbaren untauglichen Versuchs verlaufen. Hier waren die Bemühungen der Theorie ursprünglich und lange Zeit darauf gerichtet, eine klare Abschichtung der strafbaren und der nicht strafbaren Fälle durch eine logisch subsumierbare Formel zu erreichen, wofür insbesondere die Unterscheidung zwischen dem „konkret" („relativ") und dem „begrifflich" („absolut") untauglichen Versuch benannt werden kann. Mehr und mehr ergab sich jedoch in der Diskussion, daß alle Versuche einer generell-begrifflichen Abgrenzung ausweglos sind[99]). Die Praxis ging demgegenüber bekanntlich von vorn-

---

[97]) Zutreffend Bockelmann a.a.O. S. 469.

[98]) Bekannte Fälle aus der neueren Praxis: 1. Der Täter ist mit der Pistole in Anschlag gegangen, um seinen Feind zu erschießen, von dem er annimmt, daß er jeden Augenblick aus dem Hause treten werde. Dies geschieht aber nicht: Tötungsversuch (RGSt. 77, 1 ff.); 2. Die Täter, die einen Kassenboten berauben wollen, stehen an der Haltestelle der Straßenbahn, an der das Opfer nach Meinung der Täter alsbald aussteigen wird, mit Pfeffer zur Blendung des Opfers ausgerüstet und zur Flucht mit dem startbereiten Kraftwagen vorbereitet. Der Kassenbote erscheint nicht: Raubversuch (BGH, NJW 1952, 514).

Weitere Beispiele bei Bockelmann a.a.O. Dieser weist mit Recht darauf hin, daß anhand der Richtlinie „im einzelnen Fall vom Ergebnis her entschieden werden muß", womit das Wertungsproblem, die Frage der Strafwürdigkeit des Verhaltens, ausschlaggebende Bedeutung erlangt.

Falsch ist es auch hier (vgl. oben Anm. 69 am Ende), wenn in der Rechtsprechung des RG wiederholt gesagt wurde (z. B. in RGSt. 53, 336 ff. (339); 69, 327 ff. (328)), es handele sich um eine Angelegenheit der „tatsächlichen Feststellungen". In Wirklichkeit geht es um eine Frage der Rechtsanwendung, bei der zweierlei zu unterscheiden ist: a) die Grundlegung durch die Abgrenzungsrichtlinie, deren Bereich revisibel ist; b) die aus der Anschauung des Einzelfalles gewonnene Wertbetrachtung, die nur der tatrichterlichen Würdigung zugänglich, also der Revision entzogen ist (zutreffend Bockelmann a.a.O. S. 469).

[99]) Ist z. B. der Griff des Taschendiebes in die zufällig leere Gesäßtasche, in der sich sonst das Portemonnaie befindet, „konkret" oder „begrifflich" untauglich? Wie steht es mit dem Tötungsversuch, der mit einem Revolver unternommen wird, den ein Dritter kurz vorher entladen hat? Gehört das Leersein der Tasche, das Ungeladensein des Revolvers zu den „konkreten" oder zu den „begrifflichen" Voraussetzungen der Erfolglosigkeit des Verhaltens? Darüber wird eine Einigung auf „logischem" Wege schwer zu erzielen sein.

herein einen anderen Weg, indem sie – von der subjektiven Versuchsauffassung aus ganz folgerichtig – die grundsätzliche Strafbarkeit des untauglichen Versuchs bejahte, womit zwar die Notwendigkeit einer begrifflichen Abgrenzung entfiel, jedoch das Bedürfnis bestehen blieb, eine untere Fallschicht anzuerkennen, für die vernünftigerweise das Strafbedürfnis zu verneinen ist. Indem das RG typisierend den sog. abergläubischen Versuch als nicht strafbar heraushob, legte es sich damit zwar auf einen zu engen Bereich fest, bahnte aber den richtigen und allgemein tragfähigen Gedanken an, daß nämlich der untaugliche Versuch trotz der verwerflichen Willenseinstellung des Täters an Strafwürdigkeit in dem Maße verliert, in dem der Täter nach seinem Tatplan und den von ihm eingesetzten Mitteln den Boden der Realität verläßt. Damit aber entfällt der Gedanke einer begrifflichen Abschichtung des strafbaren Handelns vom nicht strafbaren beim untauglichen Versuch, und es geht darum, der Erkenntnis Rechnung zu tragen, daß wir es hier mit einer gleitenden Skala zu tun haben, die das Maß des real zu wertenden und damit bekämpfungswürdigen rechtsbrecherischen Willens einerseits, den Mangel eines solchen Willens bei Vorherrschen irrealer Faktoren andererseits, nur auf Grund der Einbeziehung aller relevanten, in ihrer Vielfalt unvoraussehbaren Umstände des Falles anzuzeigen vermag. Nicht um ein Problem der Begriffsbildung und -abgrenzung handelt es sich also, sondern um ein Strafwürdigkeitsproblem, dessen Lösung die volle Anschauung der Fall-Individualität voraussetzt. Durchaus konsequent hat sich deshalb der Schweizer Gesetzgeber dazu veranlaßt gesehen, sie dem freien Rechtsfolgeermessen des Richters zu überlassen[100]) und diesem nicht nur das Unterschreiten der normalen Strafdrohung, bei wesentlicher Herabminderung der Strafwürdigkeit, sondern sogar das Absehen von Strafe dort zu gestatten, wo die Untauglichkeit des Versuchs den Grad der vollkommenen Irrealität erreicht und das Unternehmen des Täters aller reaktionswürdigen Ernstlichkeit entbehrt.

Als besonders bedeutsam zeigt sich in unserem Zusammenhang die Behandlung der unechten Unterlassungsdelikte, d. h. derjenigen Delikte, bei denen einem Menschen nicht ein Handeln, sondern seine Untätigkeit als Bewirkung eines tatbestandlich mißbilligten Erfolges (Tötung, Brandstiftung usw.) zugerechnet wird. Daß die in Betracht kommenden Tatbestände sinngemäß eine solche Zurechnung mitumfassen, wird man nicht zu bezweifeln haben, aber die gesetzliche Tatbestandsbeschreibung erscheint doch dogmatisch-methodisch in einem verschiedenen Licht je nachdem, ob sie auf Tatbestandserfüllung durch Handeln oder durch ein Unterlassen bezogen wird. Während nämlich die gesetzliche Tatbestandsbeschreibung im

---

[100]) Art. 23 Schweizer StGB lautet: „Ist das Mittel, womit jemand ein Verbrechen oder ein Vergehen auszuführen versucht, oder der Gegenstand, woran er es auszuführen versucht, derart, daß die Tat mit einem solchen Mittel oder an einem solchen Gegenstand überhaupt nicht ausgeführt werden könnte, so kann der Richter die Strafe nach freiem Ermessen mildern. Handelt der Täter aus Unverstand, so kann der Richter von einer Bestrafung Umgang nehmen (Art. 66)."

Hinblick auf die Täterschaft eines Handelnden durchaus geschlossen ist, ist sie im Hinblick auf die Verwirklichung durch Unterlassen unter einem entscheidenden Gesichtspunkt unvollständig, „offen", ergänzungsbedürftig: nur ein solcher die Erfolgsabwendung Unterlassender kommt als „Täter" in Betracht, dem die Rechtspflicht zur Erfolgsabwendung oblag. Während man sich darüber seit langem einig ist, konnte sich jedoch die Einsicht nur allmählich durchsetzen, daß es keine Möglichkeit gibt, dieses Pflichtelement durch ein generelles, subsumierbares Tatbestandsmerkmal im Gesetz zum Ausdruck zu bringen, sondern daß diese „Offenheit" des gesetzlichen Tatbestandes im Hinblick auf das zurechenbare Unterlassen durchaus in der Natur der Sache liegt und nur durch richterliche Tatbestandsergänzung im Hinblick auf den zu entscheidenden Fall behoben werden kann[101]). Während als Brandstifter ohne weiteres derjenige erscheint, der durch sein Handeln einen Brand verursacht hat, bleibt nach dem gesetzlichen Tatbestand die Frage durchaus offen, wem die Nichtabwendung des Brandes als Brandstiftung zugerechnet werden kann. Man mag für ihre Lösung – de lege ferenda vielleicht im Gesetz selbst – eine Formel bereitstellen, etwa die Formel, daß als Unterlassungstäter nur derjenige in Betracht komme, der „Garant" für die Unversehrtheit des geschützten Gutes ist; stets wird damit dem Rechtsanwender nur eine Richtlinie gegeben sein, ein Hinweis, genauer besehen sogar nur ein Regulativ, nämlich eine Verweisung auf eine vom Rechtsanwender zu ermittelnde Pflichtenordnung, aus der sich jene die Haftung begründende Garantenstellung ergibt. Die Praxis hat denn auch ihre Aufgabe durchaus in diesem Sinne verstanden, und so konnte es nicht ausbleiben, daß sich hier der gleiche Kristallisationsprozeß entwickelte, wie er bei der Ausfüllung der offenen Räume der klassischen Generalklauseln stattgefunden hat: aus vergleichender Zusammenordnung der entschiedenen Fälle entstanden Typenbildungen, die sich zu gruppierenden Richtlinien für die Begründung der Garantenstellung verdichteten (Garantenstellung aus rechtssätzlicher Regelung, aus tatsächlicher Übernahme vertraglicher Pflichten, aus vorangegangenem gefährdendem Tun). Auch hier wurde bewußt, daß diese Richtlinien, die in einer ständigen Praxis zu verbindlichem Richterrecht erwuchsen, in keinem Sinne als abschließend zu verstehen sind. Sie sind es nicht in dem Sinne, daß die von der Rechtsprechung entwickelten Gruppen etwa enumerativ erschöpfend sein könnten. Daß dies nicht der Fall ist, hat sich darin gezeigt, daß die Praxis mehr und mehr dazu gedrängt wurde, außerhalb der bereits festgefügten oben genannten Gruppen auch die Begründung der Garantenstellung aus „konkreten Lebensverhältnissen" oder „speziellen Vertrauensverhältnissen" herzuleiten. Aber auch die einzelnen Gruppenbildungen in sich haben nicht den Charakter einer abschließenden Regelung. Die Richtlinie etwa, daß die strafrechtliche Zurechnung des Erfolges denjenigen treffe, der es nach vorangegangenem gefährdendem Tun unterlassen hat, den Erfolg abzuwenden, ist kein „anwend-

---

[101]) So jetzt ganz klar: Welzel, Strafrecht (5. Aufl.), S. 169.

barer" Rechtssatz in dem Sinne, daß der Richter den gegebenen Fall lediglich den Merkmalen der Richtlinie zu subsumieren habe. Fast immer wird er hier viel selbständiger verfahren müssen und nur von der Vorstellung einer Leitlinie ausgehen dürfen, die ihn nicht der konkreten Beurteilung auf Grund der Eigenart des zu entscheidenden Falles enthebt[102]). Nur in den einfach gelagerten Fällen (z. B. im Fall der Mutter, die ihr neugeborenes Kind durch Vorenthalten der Nahrung zu Tode kommen läßt) wird der Richter mit der Typenbetrachtung auskommen, in ungezählten komplizierten Fällen dagegen der ihm gesetzten Richtlinie erst aus der Berücksichtigung der Fall-Individualität einen die Entscheidung tragenden Inhalt zu geben vermögen. Die Kommentare, die eine bereits kaum noch zu übersehende Fülle von Entscheidungen bringen, bieten dazu ein überzeugendes Anschauungsmaterial. – Wenn auf die geschilderte Art die Garanten- und Erfolgsabwendungspflicht bei den unechten Unterlassungsdelikten bereits ihrem Entstehungsgrunde nach vielfach nur vom Fall her beurteilt werden kann, so gilt dies ganz besonders dort, wo es auf die Grenzen dieser Pflicht ankommt, d. h. auf die Frage, wie weit der Unterlassende mit der von ihm erwarteten Erfolgshinderung hätte gehen müssen. Hier hat die Praxis, methodisch durchaus zu Recht, das regulative Prinzip der Zumutbarkeit eingesetzt, um das Maß dessen, was an erfolgsabwendender Tätigkeit zu leisten war, ganz nach den Umständen des Einzelfalles zu bestimmen[103]). Leider wird diese methodische Errungenschaft durch die ver-

---

[102]) Mit Recht hebt W e l z e l a.a.O. S. 172, hervor, daß einerseits nicht die b l o ß e V e r u r s a c h u n g der Gefahr genügt, andererseits aber auch nicht nur e i g e n e s v o r a n g e g a n g e n e s Tun die Zurechnung begründen kann. „Die haftungsbegründenden Gesichtspunkte sind offenbar differenzierter und komplexer".

[103]) In der viel erörterten Entscheidung zu der Frage, ob der Ehemann durch Nichteinschreiten gegen das unzüchtige Treiben der Ehefrau den Tatbestand der Kuppelei (§§ 180, 181 StGB) bzw. der kupplerischen Zuhälterei (§ 181 a) erfülle, hob das RG (RGSt. 58, 97) hervor, daß eine Hinderungspflicht nicht schlechthin bestehe, vielmehr in jedem Einzelfalle geprüft werden müsse, ob dem Ehemann nach der gesamten Sachlage zugemutet werden durfte, einzuschreiten. Es wurde in Erwägung gezogen, daß es an der Zumutbarkeit fehlen könne, wenn der Ehemann – wie im gegebenen Falle – die Aufnahme eines Liebhabers der Frau in die eheliche Wohnung nur deshalb geduldet hatte, weil er bei einem etwaigen Widerstand seine eigene gewaltsame Entfernung aus der Wohnung und eine Schädigung, unter Umständen sogar die Stillegung seines Geschäfts, befürchtete. Während hier mit dem – methodisch durchaus zutreffenden – Zumutbarkeitsgedanken in der Anlegung des Maßstabes wohl zu lax verfahren wurde, vertrat das RG in einer späteren Entscheidung (RGSt. 72, 19) bei einem ähnlichen Sachverhalt den strengeren Standpunkt, „daß dem Angeklagten das Einschreiten gegen das Unzuchtstreiben seiner Frau auch auf die Gefahr hin zuzumuten war, daß sie ihre Drohung (scil. mit Anzeige eines ihr bekannten, früheren Sittlichkeitsverbrechens des Mannes) verwirklichte". Bemerkenswert ist, daß der Bundesgerichtshof sich in der Verwendung des regulativen Prinzips der Zumutbarkeit der Kuppelei-Rechtsprechung des Reichsgerichts angeschlossen hat. In einem Fall, in dem der Ehemann als alter und kränklicher Mann sich nicht dazu aufgerafft hatte, gegen den in der ehelichen Wohnung betriebenen unzüchtigen Verkehr der wesentlich jüngeren, gewalttätigen Frau einzuschreiten, erklärt das Gericht: es komme darauf an, ob der Ehemann zum Einschreiten tatsächlich in der Lage und ob es ihm nach den Umständen des Falles zuzumuten war (vgl. Lindenmaier-Möhring, Nachschlagewerk des BGH (Strafsachen) zu § 180 StGB Bl. 101).

fehlte dogmatische Deutung beeinträchtigt, die Verneinung der Zumutbarkeit des Einschreitens in dem erwogenen Sinne stelle einen Schuldausschließungsgrund dar. In Wahrheit aber handelt es sich nicht darum, daß eine Garantenpflicht zur Erfolgshinderung „an sich" bestehe und lediglich die Vorwerfbarkeit des Verhaltens durch Schulderwägungen „ausgeschlossen" werde; vielmehr ergibt die Verneinung der Zumutbarkeit des Einschreitens mit bestimmten Mitteln, daß hier die individualisierende Bestimmung der Garantenpflicht zu einem negativen Ergebnis, nämlich zur Ablehnung der Tatbestandsanwendung auf den gegebenen Fall, führt[104]) [105]).

Zu den eindrucksvollsten Belegen für den in unserer Rechtsprechung durchdringenden Individualisierungsprozeß gehört wohl die Behandlung der Strafausschließungsgründe, für die das StGB einige Typenbilder, vor allem in den Vorschriften über Notwehr und Notstand, entwickelt hat. Man

---

Das Entsprechende gilt für die ähnlich gelagerte Frage, inwiefern sich Eltern der Kuppelei schuldig machen, wenn sie nicht durchgreifend gegen unzüchtiges Treiben ihrer Kinder einschreiten. Die Hinderungspflicht ergibt sich hier gegenüber minderjährigen Kindern grundsätzlich aus der Erziehungspflicht, im Verhältnis zu volljährigen Abkömmlingen aus der Hausgemeinschaft. Die Rechtsprechung hat jedoch einhellig hervorgehoben, daß die Anforderungen an die Hinderungsmaßnahmen der Eltern nicht überspannt werden dürfen, sondern auf das Maß des nach den Umständen des Einzelfalles Zumutbaren zurückzuführen sind. Dementsprechend verneint RG JW 1939, 400, die Zumutbarkeit einer sofortigen Anzeige bei der Polizei in einem Fall, in dem die Eltern eines 15jährigen Mädchens mit den verschiedensten Mitteln, jedoch erfolglos, versucht hatten, die Tochter von dem Mann zu trennen, ohne sich allerdings zunächst zur Inanspruchnahme der Behörde entschließen zu können, und zwar unter dem Eindruck der Drohung, das Liebespaar werde, wenn man es auseinander bringe, in den Tod gehen. Zu der Frage der Hinderungspflicht gegenüber volljährigen, im Hause der Eltern lebenden Abkömmlingen vgl. RGSt. 67, 314; 77, 125; KG JR 1950, 407; OLG Celle, Niedersächsische Rechtspflege 1950, 92; OLG Hamm, JR 1951, 349.

Um die gleiche Frage, ob ein Tätigwerden zumutbar war, handelt es sich auch bei der Prüfung anderer Deliktstatbestände, z. B. bei Tötung durch Unterlassung (vgl. BGHSt. 2, 150; 3, 203 (Feststellung der „zumutbaren Maßnahmen"); insbesondere 4, 20: Garantenpflicht des Gastwirts, die Fahrt des betrunkenen Gastes mit dem Kraftwagen zu hindern; Frage der Zumutbarkeit des Heranrufens der Polizei bei Versagen anderer Beeinflussungsversuche).

[104]) Die Eltern, denen – wie im Fall RG, JW. 1939, 400 – der Anruf der Polizei nicht zugemutet wird, handeln nicht lediglich entschuldigt, sondern erfüllen nicht den Tatbestand der Kuppelei, weil sie ihre Erfolgsabwendungspflicht nicht konkret verletzt haben (vgl. dazu H e n k e l , Mezger-Festschrift, S. 279). Abweichend (im Sinne des Entschuldigungsgrundes) W e l z e l , S. 175, obwohl er davon ausgeht, daß die Garantenpflicht der konkreten richterlichen Bestimmung bedarf und erst die Feststellung ihrer Verletzung den Unterlassenden zum „Täter" des Deliktstatbestandes macht.

[105]) Eine Parallele zu unserer strafrechtlichen Betrachtung bietet das Zivilrecht bei der Behandlung der Unterlassung als Grundlage für eine Schadensersatzhaftung.

Einen interessanten Sonderfall bildet die Einschränkung der Ersatzpflicht des Schädigers bei Nichterfüllung der Operationspflicht durch den Verletzten. Die Rechtsprechung nimmt an, daß der Verletzte sich dem Einwand des Mitverschuldens (§ 254 BGB) aussetzt, wenn er es unterläßt, sich einer Operation zwecks Beseitigung oder Minderung des Schadens zu unterziehen. Hierbei kann jedoch nicht auf Grund einer „abstrakten unelastischen Regel", sondern nur nach dem regulativen Prinzip der Zumutbarkeit entschieden werden, bei dessen Befolgung nicht nur die äußeren Umstände des Schadensfalles, sondern auch die persönlichen Eigenschaften des Verletzten zu berücksichtigen sind (RGZ. 139, 131 ff.).

nahm jahrzehntelang an, daß der Gesetzgeber mit diesen Ausnahmetatbeständen dem Richter ein Normengefüge an die Hand gegeben habe, kraft dessen er im Wege der Subsumtion die in Betracht kommenden Situationen erschöpfend und eindeutig beurteilen könne. Diese Überzeugung ist aber im Laufe der letzten Jahrzehnte hinfällig geworden. Dies gilt zunächst für die Notwehrvorschrift. Hier glaubte man, dem durch einen gegenwärtigen rechtswidrigen Angriff Bedrohten ein Recht auf Eingriff in die Rechtsgüter des Angreifers insoweit einräumen zu können, als es die rein tatsächlichen Erfordernisse der Verteidigung, insbesondere nach der Intensität des Angriffes, verlangen. Die grundlegende normative Frage, ob denn die Notwehr überhaupt „geboten" war, überdeckte man durch die These: das Recht brauche dem Unrecht nicht zu weichen. Aber die Konsequenzen, die sich daraus ergaben, führten zu einer ständig wachsenden Beunruhigung angesichts der Feststellung, daß die rein subsumierende Anwendung der gesetzlichen Merkmale dem Notwehrrecht eine unerträgliche Schärfe gibt, so daß man schon von einer „Totschlägermoral" glaubte sprechen zu müssen. Es setzte sich die Auffassung durch, daß die alte These, „Recht braucht dem Unrecht nicht zu weichen", viel zu scharfkantig und in dieser Härte mit der stärker empfundenen sozialen Pflicht der Rücksichtnahme im Verhältnis der Rechtsgenossen untereinander nicht mehr zu vereinbaren sei. Aber die zunächst unternommenen Versuche, gewisse typische Fallgruppen, wie z. B. die bloße Unfugabwehr, aus der Notwehrregelung auszugliedern oder das Moment der Güterabwägung in die Notwehrvorschrift einzufügen, stellten sich als unzulängliche Teillösungen heraus, weil nämlich diejenigen Umstände und Beziehungen, die zu einer Einschränkung der Notwehrbefugnis drängen, so verschiedenartig und so unvoraussehbar sind, daß sie nicht mit einem einschränkenden, inhaltsbestimmten Begriffsmerkmal umschrieben werden können. So setzte sich denn unter dem dringenden Bedürfnis der Einengung des Notwehrrechts das Bestreben durch, in die Notwehrregelung des Gesetzes ein einschränkendes sozial-ethisches Korrektiv einzubauen, und zwar als bloßes Regulativ, das den Richter darauf hinweist, er möge unter Berücksichtigung der individuellen Gegebenheiten des Falles dem Notwehrrecht eine den sozial-ethischen Anschauungen entsprechende Schranke setzen und die strafbefreiende Wirkung der Notwehr verneinen, wenn es sich um mißbräuchliche Rechtsausübung handelt[106]) oder – unter anderer Formulierung des gleichen Rechtsgedankens – wenn dem Angegriffenen nach Lage der Dinge ein Ausweichen vor dem Angreifer oder eine anderweitige Behebung der Gefahrlage zuzumuten war[107]). Dies ist etwa der Fall[108]), wenn der Angegriffene durch provokatorisches Verhalten die Notwehrlage selbst verschuldet hat, wenn er zum Angreifer in einem

---

106) In diesem Sinne Siebert im Soergelschen Komm. zu § 226 BGB; Gallas, DRZ 1949, 43; Schaffstein, MDR 1952, 132; Welzel, S. 72.

107) So RGSt. 71, 133; 72, 58; BGHSt. 3, 218; 5, 245 ff. (248).

108) Vgl. dazu die Nachweise aus der Rspr. bei Henkel, Mezger-Festschrift, S. 272.

besonderen, erhöhte Rücksichtnahme erfordernden Verhältnis (z. B. Verwandtschafts- oder Vorgesetztenverhältnis) steht, wenn die Person oder der Zustand des Angreifers ein Ausweichen nahelegt (er ist geisteskrank, betrunken, er befindet sich in einem erkennbaren Irrtum über die Sachlage), aber auch dann, wenn die Notwehrmaßnahme eine unverhältnismäßig schwere Rechtsgüterbeeinträchtigung beim Angreifer hervorruft (Beispiel: der eine erhebliche Verwundung bewirkende Schuß auf den mit geringfügiger Beute fliehenden Dieb). Alle diese in der Praxis für eine Versagung des Notwehrrechts herausgearbeiteten Gesichtspunkte, die übrigens auch für die Begrenzung des Selbsthilferechts (§ 229 BGB) in Betracht kommen[109]), stellen nichts anderes dar als Leitlinien, nach denen der Richter sich bei der Entscheidung in atypischen Notwehrfällen zu richten hat, Leitlinien, die weder erschöpfend noch abschließend sind und keine subsumtionsfähige Norm bieten, sondern nur einen Anhalt für die selbständige Beurteilung des jeweiligen Einzelfalles. Mit dem Einbau des sozialethischen Korrektivs, dessen die Rechtsprechung sich bereits vielfach bedient hat, büßt nun allerdings das Notwehrrecht sein festes Profil und die Entscheidung des Gerichts, zum mindesten in außergewöhnlichen Fällen, ihre Berechenbarkeit ein. Aber die zunächst große Spannung zwischen der individualisierenden Gerechtigkeitsforderung und dem Gleichmäßigkeitsbedürfnis wird auch hier, wie bei allen Richterrechtsbildungen innerhalb der gesetzesfreien Räume – und das „Gebotensein" der Notwehr ist nun einmal ein vom Gesetz nicht ausgefüllter Wertungsbereich –, durch die Ausrichtung der Urteile an den richtlinienmäßig führenden Entscheidungen auf ein erträgliches Maß zurückgehen.

Auch ein anderer strafrechtlicher Unrechtsausschließungsgrund steht unter dem gesetzlich nicht ausgesprochenen, aber rechtsergänzend heranzuziehenden Regulativ der Zumutbarkeit: die Wahrnehmung berechtigter Interessen bei der Beleidigung (§ 193 StGB). Wer einem anderen ehrenrührige Tatsachen nachgesagt hat (§ 186 StGB), kann sich auf die Berechtigung seines Vorgehens nur berufen, wenn er das Achtungsinteresse des Betroffenen gegenüber dem von ihm verfolgten Aufdeckungsinteresse abgewogen und bei der Nachprüfung der Richtigkeit seiner Behauptung alles ihm nach Lage der Sache Zumutbare getan hat[110]). Die Rechtsprechung wird für die Beurteilung dessen, was als zumutbar zu gelten hat, zwar gewisse Richtlinien, nie aber angesichts der unübersehbaren Vielfalt der

---

[109]) Vgl. dazu den Aufsehen erregenden Fall in RGSt. 69, 308: Jemand hatte, um seinen geringfügigen Schadensersatzanspruch wegen Zertrümmerung eines Uhrglases zu sichern, den ersatzpflichtigen Radfahrer in voller Fahrt zu Fall gebracht, und zwar mit tödlicher Wirkung.

[110]) Das Maß der erforderlichen Sorgfalt bestimmt sich nach den Umständen des Falles; besonders hohe Anforderungen sind an sie zu stellen, wenn es sich um Behauptungen in einem öffentlichen Kreis handelt, geringere Anforderungen bei Anzeigen an eine amtliche, zur Überprüfung fähige und verpflichtete Stelle (RGSt. 66, 3; BGHSt. 3, 73 ff.).

hier auftretenden Kollisionsmöglichkeiten und der an den Täter zu stellenden Pflichtanforderungen feste Norminhalte herausarbeiten können.

Wie die Notwehrvorschrift ist auch die Notstandsregelung des StGB, die den Leibes- und Lebensnotstand als Entschuldigungsgrund anerkennt (§§ 52, 54 StGB), einer Ergänzung durch individualisierende Momente bedürftig. Dem Gesetzgeber schwebten Typenbilder von Notstandssituationen vor, in denen der Normalmensch unter der Einwirkung des Selbsterhaltungstriebes zu seiner Rettung vor sonst strafbaren Handlungen nicht zurückzuscheuen pflegt. Die Vorstellung typischer Lebenssituationen und die Erwägung, daß es nicht angebracht ist, über die durchschnittlich realisierbaren Pflichtanforderungen an das Verhalten der Menschen in Leibes- und Lebensnot hinauszugehen, haben das Modell der Notstandsregelung bestimmt. Jedoch hat die Erfahrung gezeigt, daß die begrifflich-abstrakten Merkmale des Gesetzes in ihrer Anwendung auf den Einzelfall allein nicht ausreichen, um die Grenze der Strafbefreiung immer angemessen zu bestimmen. Ganz abgesehen davon, daß in mancherlei Hinsicht ein Zurückgehen auf den Grundgedanken der Vorschriften (Rücksichtnahme auf die übermächtige Wirkung des Selbsterhaltungstriebes) erforderlich ist[111]), hat sich in der Rechtsprechung ergeben, daß die Grenzen der Pflichtanforderung vielfach zweifelhaft bleiben, so daß hier das Regulativ der Zumutbarkeit ganz von selbst zum Zuge kommt. Das gilt vor allem zur Behebung der unvermeidlichen Unbestimmtheit einiger vom Gesetzgeber verwandter Begriffsmerkmale, die einen Hinweis auf die Notwendigkeit konkreter Grenzziehung durch den Richter enthalten. So ist z. B. beim Nötigungsnotstand des § 52 StGB das Erfordernis der „unwiderstehlichen Gewalt" (als vis compulsiva) keineswegs eindeutig, sondern nur vom Fall her bestimmbar. Dasselbe gilt für die Beurteilung einer etwa gegen den Notstandstäter angewandten Drohung, die ebenfalls auf ihre „Unwiderstehlichkeit" zu prüfen ist. Die Anerkennung eines Nötigungsnotstandes als eines Entschuldigungsgrundes setzt zwar nach dem Gesetz nicht voraus, daß die Gefahrlage auf Seiten des Bedrohten unverschuldet war. Wenn dieser sich aber in vorwerfbarer Weise selbst der Gefahr ausgesetzt hat, durch Drohung für Leib und Leben zu Verbrechen bestimmt zu werden, sind an das Erfordernis der „Unabwendbarkeit der Gefahr" besonders hohe Anforderungen zu stellen, d. h. es sind dem Bedrohten „unter Umständen ganz andere Auswege zuzumuten, als wenn er unverschuldet in diese Lage geraten wäre"[112]). Beim allgemeinen Leibes- und Lebensnotstand macht das Gesetz (§ 54 StGB) die Strafbefreiung davon abhängig, daß die Notstandslage unverschuldet ist; es weist damit selbst auf die Berücksichtigung des Zumutbarkeitsprinzips hin, da die Grenzen für die Annahme schuldhafter Herbeiführung des Notstandes flüssig und nur nach dem Maß des im Einzelfall Zumutbaren

---

[111]) Woraus sich z. B. die Begrenzung auf Fälle erheblicher Not, die strenge Beurteilung der Frage anderweitiger Abwendbarkeit der Gefahr ergibt.

[112]) So OGHSt. 2, 225; 3, 129.

bestimmbar sind[113]). Wenn auf diese Weise die gesetzliche Notstandsregelung bereits für die „normalen" Notstandsfälle die scheinbar festen Umrisse verliert und mancherlei ergänzender und modifizierender Bearbeitung durch den Rechtsanwender unterliegt, so gilt das in noch erhöhtem Maße für die speziellen Fälle, in denen eine sog. Notpflicht des der Gefahr Ausgesetzten besteht, wie sie bekanntlich für die Angehörigen gewisser Berufsgruppen (Polizeibeamte, Feuerwehrleute, „Wettermänner" im Bergwerk[114]), berufliche Bergführer, Ärzte und deren Hilfspersonal) angenommen wird. Wie weit hier die Pflicht zur Gefahrtragung, die gesteigerte Zumutbarkeit des Standhaltens in Leibes- und Lebensgefahr, reicht, läßt sich nur differenzierend für die verschiedenen Berufskreise und auch hier im einzelnen wieder nur durch Eingehen auf die individuellen Umstände des Falles entscheiden. Selbst von denjenigen Berufsträgern, an die man die strengsten Anforderungen zu stellen haben wird, darf das Opfer des sicheren Lebensverlustes nicht erwartet werden; aber zwischen dieser Grenze und der normalen Leibes- und Lebensgefahr, wie sie § 54 StGB generell berücksichtigt, breitet sich eine weite Spanne möglicher Gefahren aus, von denen in den hier genannten Fällen in keinem Sinne verallgemeinernd gesagt werden kann, wieweit sie zu ertragen sind und unter welchen Voraussetzungen ausnahmsweise doch Strafbefreiung zugebilligt werden kann.

Während diese Auflockerung im Bereich der gesetzlichen Entschuldigungsmöglichkeiten in einem allmählichen, ohne Erschütterungen sich vollziehenden Entwicklungsprozeß der Praxis vor sich ging, stieß man auf einen kritischen Punkt, als die Frage der außergesetzlichen Entschuldigungsmöglichkeiten bei vorsätzlicher Tatbestandserfüllung auf Grund der Auseinandersetzung mit aufwühlenden Zeitereignissen zum aktuellen Austrag gelangte. Die Frage war lange verneint worden und mußte unter der Herrschaft der psychologischen Schuldauffassung ganz zwangsläufig verneint werden. Wenn das Wesen der Vorsatzschuld in der wissentlichen und willentlichen Tatbestandserfüllung gesehen wird, kann nur der Gesetzgeber von der Strafbarkeit befreien, indem er mit Rücksicht auf Ausnahmesituationen trotz „an sich" gegebener Schuld einen Entschuldigungsgrund statuiert. Dieser Argumentation war jedoch mit dem Sieg der normativen Schuldlehre der Boden entzogen, denn wenn das Schuldurteil in einem normativen Element, der Vorwerfbarkeit, beschlossen liegt, hat die vorsätzliche Tatbestandserfüllung für die Schuldhaftigkeit der Handlung zwar noch präsumierende, aber nicht mehr konstitutive Bedeutung; sie trifft auf den Regelfall zu, jedoch nicht auf die atypische Situation, bei der die

---

113) Nach RGSt. 36, 342 kommt es darauf an, ob das die Notstandssituation herbeiführende Verhalten „im gegebenen Falle eine Nichterfüllung desjenigen Maßes von Aufmerksamkeit und von Rücksicht auf das Allgemeinwohl in sich schließt, dessen Leistung vom Handelnden billigerweise gefordert werden darf".

114) Vgl. dazu RGSt. 72, 246.

Berücksichtigung der äußeren und inneren Umstände der Tatbegehung durchaus zu dem Urteil führen kann, der Täter habe trotz wissentlicher und willentlicher Tatbestandserfüllung nicht so gehandelt, daß sein inneres Verhalten, insbesondere die zur Tat hinführende Motivation, als vorwerfbar, d. h. schuldhaft, anzusehen sei. Nun sind aber die Möglichkeiten atypischer Fallgestaltung, die den Schuldvorwurf entkräftet, so unübersehbar mannigfaltig -- viel mannigfaltiger noch als bei der Unrechtsausschließung! –, daß an eine vorausschauende, abschließende gesetzliche Typisierung der Entschuldigungsgründe nicht gedacht werden darf. Die Gesetzgebung kann nur die häufig vorkommenden, in wesentlichen Merkmalen übereinstimmenden, deshalb tatbestandlich-begrifflich regelbaren Ausnahmesituationen erfassen und zu Typenbildern in gesetzlichen Entschuldigungsgründen ausgestalten. Dagegen entziehen sich die nicht im gesetzgeberischen Erfahrungsbereich liegenden, in ihrer Atypizität nicht voraussehbaren Erscheinungsformen von Entschuldigungsmöglichkeiten dem generell regelnden Zugriff des Gesetzgebers. Das zeigen die zahlreichen Fälle von Pflichtenkollisionen, die nicht nach dem Abwägungsprinzip mit dem Ergebnis der Rechtfertigung, sondern nur unter dem Gesichtspunkt einer materiellen Schuldbetrachtung beurteilt werden können. Außergewöhnliche Zeiten haben ganz unvoraussehbare Ausnahmesituationen hervorgebracht, wie sie z. B. in den Ärzte-Prozessen der Nachkriegszeit zur Sprache kamen. In der Beurteilung des Verhaltens jener Ärzte, die sich seinerzeit in die sog. Euthanasie-Aktion Hitlers einschalten ließen, um durch ihre Mitwirkung wenigstens einen Teil der ihnen anvertrauten, nunmehr durch den Tötungsbefehl bedrohten Geisteskranken vor der Vernichtung zu retten, konnte man sich der Erwägung nicht entziehen, daß dieses Verhalten trotz seines Charakters als Beihilfe zur vorsätzlichen Tötung (nämlich durch Preisgabe der unrettbaren Geisteskranken zum Abtransport) nicht als strafbar angesehen werden könne, weil die betroffenen Ärzte in rechtlich nicht mißbilligenswerter Weise der Stimme ihres Gewissens gefolgt waren. Wenn die Praxis[115]) sich dennoch scheute, den ihnen gewährten Freispruch auf einen Entschuldigungsgrund zu stützen, so geschah dies in der Befürchtung, damit die Schleuse für den Andrang unübersehbarer außergesetzlicher Schuldausschließungsmöglichkeiten zu öffnen. Allein die Kritik dieser Rechtsprechung[116]) hat zu Recht hervorgehoben, daß es sich bei dem gewählten Verlegenheitsbehelf des „übergesetzlichen persönlichen Strafausschließungsgrundes" der Sache nach eindeutig um eine Verneinung des Schuldvorwurfs handelt.

In der Tat ist ein Hinausgehen über die gesetzlich typisierten Möglichkeiten auf dem Boden der normativen Schuldauffassung unumgänglich. Nur

---

115) Gemeint sind die Urteile des OGH der Britischen Zone: MDR 1949, 370 = SJZ 1949, 347; NJW 1950, 151.

116) Vgl. Welzel, MDR 1949, 375; Eb. Schmidt, SJZ 1949, 568.

muß man sich, wie immer wieder der Hervorhebung bedarf[117]), davor hüten, daß bei den Erwägungen der Schuldverneinung die Karte der „Unzumutbarkeit" falsch oder zu früh ausgespielt wird. Die Gefahr, daß dies aus vagen „Billigkeits"-Erwägungen geschieht, ist allerdings riesengroß, und die Befürchtung, daß sich dabei eine wachsende Tendenz zur „sentimentalen Milde" durchsetzen kann, nicht von der Hand zu weisen. Allein dieser Gefahr läßt sich begegnen, wenn die erforderliche Klarheit der Zielsetzung und des Gedankens zu ihrer Verwirklichung besteht. Es geht im Grunde darum, daß bei atypischer Gestaltung von Vorsatzdelikten wegen des Versagens der regelmäßigen schuldpräsumtiven Wirkung der Vorsatzfeststellung auf eine gewissenhafte Prüfung der normativen Schuldelemente eingegangen werden muß, bei der die Heranziehung des Zumutbarkeitsprinzips nur eine sekundäre und regulative Funktion zur Konkretisierung der durch die Fallgestaltung veranlaßten Schulderwägungen ausüben kann.

Wir werden damit auf die allgemeine Überlegung hingeleitet, daß in einer normativen Schuldbetrachtung die Individualität des Falles, und zwar sowohl hinsichtlich der Tatumstände wie auch der Persönlichkeit des Täters, das Schuldurteil vielfach maßgeblich beeinflußt. Was insoweit für die Fahrlässigkeitsdelikte seit langem unbestritten gilt, ist folgerichtig auch für die Vorsatzdelikte anzuerkennen. Das zeigt sich etwas deutlicher, wenn man auf die Erwägungen eingeht, die über die Bejahung oder Verneinung des Schuldvorwurfs entscheiden. Die Vorwerfbarkeit kann durch ein Versagen in der Einsichtsbildung des Täters, aber auch durch Fehlerhaftigkeit in der Motivation des Täters begründet sein. Das Versagen der ersteren Art kann darin liegen, daß der Täter trotz Erkennbarkeit der Tatfolgen diese nicht voraussieht (Voraussichtsmangel), oder darin, daß er – wiederum trotz Erkennbarkeit – die Unrechtmäßigkeit seines Verhaltens nicht erkennt (Rechtsirrtum). Um die Vorwerfbarkeit des einen oder des anderen beurteilen zu können, muß man sich ganz an die individuellen Merkmale des Einzelfalles halten. Eine Verletzung der Voraussichtspflicht ist nach der vom RG gegebenen Richtlinie[118]) zu verneinen nur bei solchen Ereignissen bzw. Tatfolgen, „die so sehr außerhalb aller Lebenserfahrung liegen, daß sie der Täter auch bei der nach den Umständen dieses Falles gebotenen und ihm nach seinen persönlichen Fähigkeiten und Kenntnissen zuzumutenden sorgfältigen Überlegung nicht zu berücksichtigen brauchte". Eine entsprechende Richtlinie hat bekanntlich der BGH[119]) für die Erkennbarkeit bzw. Vermeidbarkeit des Rechtsirrtums entwickelt. Wenn er dabei auf die „zumutbare Gewissensanspannung" abstellt, so bedeutet das – nach der später gegebenen Präzisierung –[120]), „daß der Täter verpflichtet sei, alle seine Erkenntniskräfte und alle seine sittlichen Wertvorstellungen einzu-

---

117) Vgl. Henkel, Zumutbarkeit und Unzumutbarkeit als regulatives Rechtsprinzip, Mezger-Festschrift, S. 301.

118) RGSt. 73, 370 ff. (372).

119) BGHSt. 2, 194 ff. (209).

120) JZ 1953, 277 = NJW 1953, 432.

setzen, wenn es gilt, sich über die Rechtmäßigkeit oder Rechtswidrigkeit eines bestimmten Verhaltens ein Urteil zu bilden". Zur „zumutbaren Gewissensanspannung" kann es im Einzelfall auch gehören, daß der Täter über die Vereinbarkeit seines Verhaltens mit einer Verbotsnorm oder über deren von ihm bezweifelte Gültigkeit Erkundigungen einzieht. Jedenfalls kann der den Verbotsirrtum beurteilende Richter in die Lage kommen, die Frage der Vermeidbarkeit des Irrtums anhand des Regulativs der Zumutbarkeit beantworten zu müssen, weil hier eine unsichere Pflichtgrenze besteht, die nur konkret bestimmt werden kann. Dasselbe gilt schließlich auch für die andere Schuldfrage, ob der Täter auf Grund einer mißbilligenswerten Motivation gehandelt hat. Auch wenn feststeht, daß die Handlung oder Unterlassung in der Voraussicht möglicher Schadensfolgen geschehen ist, bleibt damit doch noch die Annahme möglich, daß das Verhalten des Täters auf nichtmißbilligenswerten Motiven beruht, wie z. B. in dem Fall jenes unglücklichen, wegen fahrlässiger Tötung seiner Tochter angeklagten Vaters, der es trotz Anordnung der Ärzte unterlassen hatte, seine Tochter rechtzeitig ins Krankenhaus zu verbringen, und zwar aus Rücksichtnahme auf die flehentlichen Bitten der Tochter und auf Wunsch der kurz vorher in jenem Krankenhaus verstorbenen Frau. Die Verneinung der Schuldfrage durch das Reichsgericht[121]) beruhte hier auf der Berücksichtigung eines ganz bestimmten Motivationsprozesses, der gerade diesen Vater zu einer zwar generell fehlerhaften, aber individuell entschuldbaren Willensbildung geführt hatte.

Damit läuft das strafrechtliche Schuldurteil letztlich auf eine Berücksichtigung der Persönlichkeitsmerkmale des Täters hinaus, eine Konsequenz, die sich aus seiner Ausrichtung auf die ethische, persönlichkeitsbezogene Verantwortlichkeit ergibt. Dagegen wird heute kein Einwand mehr erhoben; aber man muß sich darüber klar sein, daß damit vom Strafrichter die schwierigste und subtilste Leistung gefordert wird: die Ermittlung und Beurteilung der personalen Individualität, der Intelligenz, Bildung, Kenntnisse, Einsichts- und Wahrnehmungsfähigkeit, Beobachtungsgabe, Gedächtniskraft, mit einem Wort: der Fähigkeiten und Fertigkeiten des Täters. Auf diese Weise ist in der strafrechtlichen Schuldfrage die individualisierende Betrachtung relativ am weitesten vorzutreiben.

---

[121]) RGSt. 36, 78 ff.

## VI.

Die Fäden unserer Betrachtung mußten bis zu einem gewissen Grad ins Einzelne auseinandergezogen werden, um an Beispielen und Hinweisen sichtbar zu machen, wie tiefgreifend und bedeutsam der Prozeß der Individualisierung ist, der sich bei uns sowohl in der Gesetzgebung wie in der Rechtsanwendung durchgesetzt hat. Während er sich im Bereich der Gesetzgebung unter lebhaften Auseinandersetzungen, unter teils widersprechenden, teils zustimmenden Äußerungen, vollzogen hat, ist die zunehmend individualisierende Betrachtung in der Rechtsprechung beinahe unmerklich, bald hier, bald dort in Einzellösungen, hervorgetreten, und erst aus einer gewissen Anschauungsfülle heraus wird erkennbar, welch weittragende und grundlegende Bedeutung der Vorgang im Ganzen besitzt. Deshalb müssen die Fäden unserer Gedankengänge zum Schluß wieder zusammengebracht und die Fragestellungen noch einmal auf das Grundsätzliche hingelenkt werden. Vor allem ist an die bereits angerührte Frage anzuknüpfen, ob wir hier in eine Entwicklung hineingeraten sind oder hineinzugeraten drohen, die unser Recht den eindringlich beschworenen Gefahren anarchischer Zersetzung ausliefert. Demgegenüber ist jedoch darauf hinzuweisen, daß sich für das Eingehen auf die Individualität des Rechtsfalles überall in den verschiedenen Rechtsbereichen Grenzen ergeben, die durch die Materialbedingtheit des Regelungsgegenstandes selbst gesetzt sind. Es sind Bedingungen sehr unterschiedlicher Art, die hier eine Rolle spielen, so daß auf sie nur andeutungs- und beispielsweise eingegangen werden kann.

Es sei zunächst daran erinnert, daß – wie unsere allgemeinen Erwägungen ergeben haben[122]) – die Wahl zwischen generalisierender und individualisierender Behandlung einer Rechtsmaterie sehr stark dadurch bestimmt wird, wie die Gewichte unter den verschiedenen und weitgehend antinomischen Tendenzen der Rechtsidee im Hinblick auf den Regelungsgegenstand zu verteilen sind. Es gibt Bereiche, bei denen der Schwerpunkt so eindeutig in der Rechtssicherheitserwartung liegt, daß demgegenüber alle Tendenzen zur individualisierenden Gerechtigkeit und Zweckmäßigkeit zurücktreten müssen. Dort etwa, wo es um die Gültigkeit von Formalakten, um die Wahrung von Fristen, um die Publizitätswirkung und den Schutz von Vertrauen geht, muß Rechtsklarheit und Rechtsbestimmtheit herrschen, wie sie nur die feste, unbiegsame und undurchbrechbare Norm leisten kann, weshalb hier streng generalisierende Betrachtung angebracht ist. Man wird weitergehend von ganzen Rechtsgebieten sagen dürfen, daß sie der

---

[122]) Vgl. oben S. 16–23.

individualisierenden Betrachtung nur in geringem Maße zugänglich sind, wie etwa das Handelsrecht. Es liegt im Wesen des Handelsverkehrs, daß bei ihm Planung und Kalkulation eine wesentliche Rolle spielen, und diesen naturgegebenen Bedürfnissen muß das Recht durch die Bestimmtheit seiner Regelung und die Berechenbarkeit seiner Rechtsfolgen entgegenkommen. So zeigt sich im Handelsrecht durchgehend das Übergewicht der generalisierenden Betrachtung. Sie steigert sich teilweise zur starr abstrakten Regelung, der gegenüber es keine Einschränkungen und Durchbrechungen gibt, wie z. B. im Wechselrecht, wo sich der Bestand der „abstrakten" Wechselforderung gegenüber allen persönlichen Einreden aus dem Schuldverhältnis behauptet. Allerdings erfordern die Verhältnisse des Handelsverkehrs andererseits auch eine gewisse Schmiegsamkeit und Anpassungsfähigkeit des Handelsrechts; aber es geht dabei weniger um die Rücksichtnahme auf atypische Einzelfälle als um die Notwendigkeit, die rechtliche Regelung den sich wandelnden Usancen des Handelsverkehrs anzupassen, so daß auch hier die generalisierende Linie und die Blickrichtung auf Typenerscheinungen durchaus eingehalten wird. So ist kennzeichnend, daß es bei Rechtsbeziehungen unter Kaufleuten im Hinblick auf Handlungen und Unterlassungen nicht auf die Ermittlung individueller Bedeutungsgehalte ankommt, sondern daß dabei auf die im Handelsverkehr geltenden Gewohnheiten und Gebräuche abzustellen ist (§ 346 HGB). Berücksichtigt man also die ontologisch vorgezeichneten „Strukturen" dieser Rechtsmaterie, so erweist sich hier der Individualisierungsgedanke weitgehend als sachfremd und bleibt infolgedessen ausgeschaltet.

Die Lösung unseres Problems hängt ferner weitgehend davon ab, ob die zu treffende Rechtsregelung sich auf Fälle bezieht, die, wenn zwar in einer unbestimmten Mehrzahl, dennoch je als einzelner mit einem gewissen Eigengewicht auftreten, oder aber auf Massenerscheinungen, innerhalb deren der Einzelfall jegliche Eigenbedeutung verliert. Unter den letzteren Bedingungen macht sich die nivellierende Wirkung jedes Massenphänomens auch in der rechtlichen Behandlung geltend: der einzelne Lebensfall geht in der Masse unter. Er unterliegt dem Sog der schablonenhaften Erledigung, und selbst dort, wo sich individuelle Merkmale des Falles hervordrängen möchten, werden sie im Zuge der allgemeinen Typenbehandlung unterdrückt. Es dürfte genügen, in diesem Zusammenhang auf die „allgemeinen Geschäftsbedingungen" hinzuweisen, durch die eine unübersehbare Masse von Rechtsgeschäften über einen Leisten geschlagen wird. Weite Bereiche des bürgerlichen Rechts, speziell auch des Handelsrechts (Bank- und Börsengeschäfte, Fracht- und Lagergeschäfte) und des Versicherungsrechts, werden damit der individualisierenden Betrachtung entzogen. Der Gesichtspunkt der Massenregelung spielt aber auch im Steuerrecht eine Rolle. Bereits der Gesichtspunkt der Praktikabilität, der begrenzten Leistungsfähigkeit der Steuerbehörden, zwingt zu schablonenhaften Klassifizierungen und Gruppierungen; aber auch die bei einer Riesenzahl regelungsbedürftiger Fälle in den Vordergrund tretende generalisierende Gerechtigkeitstendenz, das Streben nach relativer Gleichbehandlung des annäherungsweise Gleichartigen, veranlaßt hier, zum mindesten in der Grundregelung, zur stark generalisierenden Behandlung der Einzelfälle. Es entspricht also durchaus der Materialbedingtheit des Steuerrechts, daß es von der „Typenlehre" beherrscht wird[123]. Dabei bleibt allerdings offen, ob und inwieweit neben den Grundtypen gewisse Sonder- und Ausnahmetypen anerkannt werden[124] und ob in atypischen Fällen sogar individuelle Erwägungen durch Zugeständnisse an die Forderungen der Einzelfallgerechtigkeit Zugang finden sollen.

Als ein Faktor von ganz hervorragender Bedeutung für unser Problem ist bereits die verschiedene Hafttiefe der Rechtsbeziehung erwähnt worden[125], die zwischen den Beteiligten besteht. Handelt es sich dabei lediglich um die Regelung des Waren- und Geldumsatzes, so werden zwar individuelle Situationsmomente unter Umständen eine für das Recht bestimmende Rolle spielen, individuelle Momente in der Person der beteiligten Partner aber keinen Einfluß auf die rechtliche Beurteilung ausüben. Anders liegen die Dinge, soweit es um die Frage der Erfüllung von Sorgfaltspflichten geht, bei deren Beurteilung das personale Moment von wesentlicher Bedeutung sein kann. Aber auch hier macht sich die Verschiedenheit der Hafttiefe in der Beziehung der Beteiligten je nach der Art und Zielrichtung der rechtlichen Regelung bemerkbar. Das eindrucksvollste Beispiel dafür ergibt sich wohl aus dem Unterschied, der zwischen dem Fahrlässigkeitsbegriff des bürgerlichen Verkehrsrechts und demjenigen des Strafrechts besteht. Während die strafrechtliche Zurechnung ein Versagen des Täters als Gesamtpersönlichkeit, ein Zurückbleiben hinter seiner individuell-persönlichen Leistungsfähigkeit und damit als Bestandteil des Fahrlässigkeitsurteils neben der Verletzung der generellen („objektiven") Sorgfaltspflicht eine Nichterfüllung der individuellen („subjektiven") Sorgfaltspflicht voraussetzt, geht bekanntlich die herrschende zivilrechtliche Auffassung bei

---

[123]) Vgl. dazu u. a. Maunz, ZAkDR 1937, 680 ff.; 1939, 509 ff.; H. J. Wolff, Studium Generale V, 4 (1952) S. 203/4 (mit weiteren Literaturangaben); Bühler, Steuerrecht (Grundriß), I S. 96 ff. (2. Aufl.). Zur Begründung der Typenbetrachtung hat das Urteil des OFH IV 77/50 U (Abl. d. Bayr. St. Min. d. Fin. 1950, 458) folgendes ausgeführt: „Eine individuelle Behandlung jedes einzelnen Falles würde, wenn jeweils alle Einzelheiten in Betracht zu ziehen wären, zu Ergebnissen führen, die für die Steuerpflichtigen, in ihrer Gesamtheit betrachtet, und für die Verwaltung nicht tragbar sind. Deshalb erscheint es geboten, für die Besteuerung Fälle, die im großen und ganzen gleichgelagert sind, ihrer Besonderheit im einzelnen zu entkleiden und nach ihren wesentlichen Merkmalen zusammenzufassen und für die Besteuerung gleich zu behandeln. Diese als Typisierung bezeichnete Maßnahme erweist sich als notwendig, insbesondere bei der Abgrenzung der Aufwendungen für die allgemeine Lebensführung von den zur Erwerbung, Sicherung und Erhaltung der Einnahmen gemachten Aufwendungen (Werbungskosten)." Übereinstimmend die Ausführungen in den Urteilen des Bundesfinanzhofes (vgl. IV 104/50 U, BStBl. 1951, S. 6, und IV 91/50 U, BStBl. 1951, S. 23).

[124]) So etwa bezüglich der Abzugsfähigkeit der Kosten eines häuslichen Arbeitszimmers als Werbungskosten (vgl. dazu Flume, JZ 1953, 22 ff.).

[125]) Vgl. oben S. 10/11.

der Bestimmung des Fahrlässigkeitsbegriffes nicht so weit in der Individualisierung der Pflichtanforderungen. Man läßt zwar bei der Bemessung dessen, was zur Vermeidung von Schadensfolgen bei gehöriger Sorgfalt erforderlich ist, durchaus die Individualität der Umstände zur Geltung kommen, lehnt es aber ab, auf die individuellen Fähigkeiten, Kenntnisse und Fertigkeiten des Handelnden oder Unterlassenden einzugehen. Man hält sich insoweit an das Typische, etwa an die Normalkenntnisse des Arztes (des praktischen Arztes oder Spezialarztes), die Fertigkeiten des Handwerkers (Schreiners, Schuhmachers), die normale Seh- und Hörfähigkeit des Verkehrsteilnehmers. Mit dem Einwand, daß es ihm ohne Verschulden an dem Normalmaß von Kenntnissen, Fertigkeiten und Fähigkeiten des bestimmten Kreises fehle, wird also der Betreffende vom Zivilrichter nicht gehört, der Arzt z. B. nicht mit dem Vorbringen, seine Universitäts- oder Klinikausbildung sei infolge der Kriegsverhältnisse schlecht gewesen, der Handwerker nicht mit der Erklärung, seine Fingerfertigkeit habe infolge von Krankheit gelitten, der schadenstiftende Verkehrsteilnehmer nicht mit dem Vorbringen, er höre oder sehe schlecht.

Es hat zwar nicht, früher wie auch in der Gegenwart, an Vorschlägen gerade von Zivilrechtlern gefehlt, die darauf hinausgehen, man möge auch in der zivilrechtlichen Betrachtung die persönlichen Kenntnisse, Fähigkeiten und Fertigkeiten bei der Fahrlässigkeitsbestimmung mitberücksichtigen, sich also damit der strafrechtlichen Betrachtungsweise anpassen[126]). Solche Vorschläge sind jedoch verfehlt, weil sie die Stoffbedingtheit und die Funktionsbestimmtheit verkennen, die nun einmal in den hier in Betracht kommenden Materien verschieden sind. Ganz abgesehen davon, ob man auf Grund der erwähnten Vorschläge zu praktikablen Ergebnissen gelangt, sind sie bereits in ihrem grundsätzlichen Ausgangspunkt deshalb verfehlt, weil es im Bereich der bürgerlich-rechtlichen Schadenshaftung nicht um eine den ganzen Menschen erfassende personale Verantwortlichkeit geht, sondern um die Regelung eines gerechten Schadensausgleiches innerhalb der bestehenden Sozialbeziehungen. Der für die Haftung in Betracht Gezogene ist in die zu ordnende Rechtsbeziehung gar nicht mit seiner gesamten personalen Individualität verstrickt, sondern an ihr nur als „Sozialgestalt", als Typenerscheinung des Rechtsverkehrs, als Arzt, Handwerker, Verkehrsteilnehmer, beteiligt. Es ist deshalb durchaus richtig, das Fahrlässigkeitsurteil hier auf das Zurückbleiben hinter dem Normalmaß der innerhalb des bestimmten Sozial- und Berufskreises zu erwartenden Leistungsfähigkeit abzustellen und individuell-personale Momente dabei außer Betracht zu lassen[126a]). Daß man in besonderen Fällen bei der zivilrechtlichen Haftungs-

[126]) So bereits früher Leonhard, Fahrlässigkeit und Unfähigkeit, Festgabe für Enneccerus, 1913; neuerdings Nipperdey, Der Begriff des Verschuldens bei schadensersatzpflichtigen Handlungen, Festschrift f. A. Meyer, 1954; derselbe in Enneccerus-Nipperdey, Lehrbuch des bürgerlichen Rechts, Allgemeiner Teil, S. 925.

[126a]) Ebenso die nach Abschluß der vorl. Arbeit ergangene Entscheidung BGHZ 24, 21 ff. (27).

frage ausnahmsweise geneigt ist, auch auf das individuelle Maß an Fähigkeiten und Fertigkeiten einzugehen – etwa dann, wenn der Schadensstifter als spontan handelnder Helfer in Not oder Gefahr aufgetreten ist –, erschüttert nicht, sondern bekräftigt nur die Regel, weil hier das Verhalten nicht im Rahmen einer Typenbetätigung bzw. einer typischen Beteiligung am Rechtsverkehr liegt, sondern sich ganz atypisch aus einer besonderen Situation ergeben hat. Im übrigen aber wird man im Verkehrsrecht des BGB bei der überwiegend typisierenden Betrachtung der Fahrlässigkeitsfrage verbleiben müssen[127]).

Während sich hier materialbedingte Verschiedenheiten im Verhältnis vom Zivil- und Strafrecht geltend machen, besteht jedoch vollkommener Einklang in der beiderseitigen Betrachtungsweise, soweit es sich um das Urteil über Pflichtverletzungen im Rahmen solcher Rechtsbeziehungen handelt, bei denen die Hafttiefe bis in den Grund des Menschlich-Persönlichen hinabreicht. Dies gilt ganz besonders für die Frage des Verschuldens im Gebiet des Familienrechts. Es entspricht der Natur der hier zu beurteilenden Rechtsbeziehungen, daß das als schuldhaft bezeichnete Verhalten einen Mangel an Verantwortlichkeit aufweist, bei dessen Beurteilung die individuellen Merkmale, Eigenschaften und Fähigkeiten der Gesamtpersönlichkeit zu berücksichtigen sind. Dem entspricht denn auch durchaus die Verschuldensauffassung, wie sie herkömmlicherweise einer ganzen Reihe familienrechtlicher Vorschriften zugrunde gelegt wird, z. B. bei der Frage, ob der Rücktritt eines Verlobten durch ein die Schadensersatzpflicht begründendes schuldhaftes Verhalten des anderen Verlobten veranlaßt ist (§ 1299 BGB), bei der Schuldfrage im Scheidungsrecht, bei der Frage der Einschränkung des Unterhaltsanspruches infolge „sittlichen Verschuldens" des Unterhaltsberechtigten (§ 1611 BGB), nicht zuletzt auch bei der Einräumung der Möglichkeit vormundschaftsrichterlichen Eingreifens in die elterliche Gewalt infolge schuldhaften Verhaltens des Vaters, das eine Gefährdung des geistigen oder leiblichen Wohles des Kindes herbeiführt (§ 1666 BGB). Daß in diesem ganzen Bereich die individualisierende Beurteilung nicht nur in der Begrenzung auf das Verschuldensproblem angebracht ist, sondern daß über die hier in Betracht gezogenen Rechtsfolgebestimmungen überhaupt nur unter Beachtung und Würdigung aller relevanten Umstände des Einzelfalles entschieden werden kann, ist daraus ersichtlich, daß in den einschlägigen gesetzlichen Vorschriften in ungewöhnlichem Ausmaß von Generalklauseln, wertausfüllungsbedürftigen und regulativen Begriffen Gebrauch gemacht ist – für uns ein sicheres Indiz dafür, daß der Gesetzgeber sich bewußt war, hier nur Richtlinien für eine

---

[127]) Ebenso Niese, Die moderne Strafrechtsdogmatik und das Zivilrecht, JZ 1956, 465, der zutreffend darauf hinweist, daß § 276 BGB, indem er es auf die Verletzung der generellen Sorgfaltspflicht abstellt, im streng dogmatischen Sinne keine Schuld –, sondern eine Unrechtshaftung begründet (461).

aufgrund unmittelbarer Anschauung der Fall-Individualität zu vollziehende Wertbetrachtung des Richters geben zu können[128]).

In diesem Zusammenhang mag noch erwähnt werden, daß die Hafttiefe mancher Rechtsbeziehungen nicht bereits, wie das bei den familienrechtlichen Verhältnissen zutrifft, in der Seinsordnung vorgezeichnet ist, sondern daß sie erst durch die in der Rechtsgemeinschaft herausgebildeten Anschauungen bestimmt und damit vielfach auch gewissen Veränderungen unterworfen sein kann. Als Beispiel dafür haben wir bereits die Entwicklung des Notwehrrechts kennengelernt[129]), die von der ursprünglich streng generalisierenden Betrachtung zum Einbau eines individualisierenden Elements (Frage der Zumutbarkeit des Ausweichens gegenüber dem Angriff) geführt hat, eine Entwicklung, die letztlich in einer veränderten Auffassung der Hafttiefe des Verhältnisses der Beteiligten begründet ist, das nicht mehr nur in der Oberflächenebene „Angreifer-Angegriffener", sondern in den tieferen menschlichen Bezügen gesehen und aus dem die Pflicht zu einer gewissen Rücksichtnahme des Angegriffenen auf atypische Situations- oder Persönlichkeitsmomente bei dem – wenngleich im Unrecht befindlichen – Angreifer hergeleitet wird.

Durch eine tiefere Auslotung der Beziehungen der Partner eines Rechtsverhältnisses, insbesondere unter der Einwirkung des sozialen Gedankens, haben ganze Teilgebiete unserer Rechtsordnung erhebliche Umgestaltungen erfahren, wofür als Beispiele besonders das Arbeitsrecht und das Mietrecht zu nennen sind. Wenn das Arbeitsverhältnis mehr und mehr dem Aspekt des freien Verkaufs und Ankaufs der „Ware" Arbeitskraft entrückt und zu einem Sozialverhältnis wird, in dem beiderseitige menschliche Rücksichtnahme gefordert wird, erscheinen damit viele Rechtsfragen in einer anderen Sicht, die ein Eingehen auf individuelle Situations- und Persönlichkeitsmomente nahelegt. Nicht anders verhält es sich mit der Behandlung des Mietverhältnisses, wenn es nicht mehr ausschließlich unter dem vermögensrechtlichen Gesichtspunkt der entgeltlichen Zurverfügungstellung von Wohnraum, sondern in der menschlich-persönlichen Sphäre gesehen wird, die zwischen Vermieter und Mieter eine Beziehung schafft, die auf Verträglichkeit, Miteinander-Auskommen, gegenseitige Rücksichtnahme angelegt ist. In dieser Sphäre aber lassen sich die Pflichtanforderungen an die beteiligten Partner sowie die Voraussetzungen für eine Auflösung des Mietverhältnisses wegen ihrer Verletzung durch den Mieter nur aufgrund der Betrachtung der Fall-Individualität beurteilen – eine Erkenntnis, der der Ge-

---

[128]) Beispiele: § 43 Ehegesetz („schwere Eheverfehlung"), „ehrloses oder unsittliches Verhalten", „Zerrüttung" der Ehe; Scheidungsbegehren „sittlich nicht gerechtfertigt"; § 47 Ehegesetz (Ablehnung des Scheidungsbegehrens, wenn die Auflösung der Ehe den anderen Ehegatten „außerordentlich hart" treffen würde); § 74 Ehegesetz (Sorge für die Person der Kinder; vormundschaftsrichterliche Regelung, „die dem wohlverstandenen Interesse des oder der Kinder unter Berücksichtigung der gesamten Verhältnisse am besten entspricht"); § 1666 BGB („Mißbrauch" des Sorgerechts, „Vernachlässigung des Kindes usw.").

[129]) Vgl. oben S. 67/68.

setzgeber auch hier dadurch Rechnung getragen hat, daß er durch Verwendung unbestimmter, wertausfüllungsbedürftiger Begriffe die individualisierende Beurteilung freigegeben hat[130]). Es ist aber wohl zu bedenken, daß das Zurückgehen auf individuelle Momente auf denjenigen Bereich begrenzt ist, in dem das personale Element im Verhältnis von Vermieter und Mieter eine Rolle spielt, dagegen dort unangebracht ist, wo es um rein vermögensrechtliche Erwägungen und die aus ihnen zu ziehenden rechtlichen Konsequenzen geht. Deshalb ist es durchaus bezeichnend, daß das Gesetz (§ 3 MSchG) die Voraussetzungen für eine auf Mietrückstand gegründete Mietaufhebungsklage des Vermieters streng generalisierend geregelt hat, womit ein weiterer Beleg für die Materialbedingtheit des uns gestellten Problems gegeben ist.

Einen umfassenden Auftrag zur Individualisierung enthält das Programm der modernen Kriminalpolitik, das die Grundforderung enthält, in den Mittelpunkt der strafrechtlichen Behandlung die Täterpersönlichkeit zu rücken[131]). Aber auch hier – und gerade hier – machen sich Lebensbedingungen und „Strukturen" geltend, die der Individualisierung Grenzen setzen und die uns an die bereits getroffene Feststellung erinnern, daß im Bereich jeder rechtlichen Betrachtung und Regelung jede noch so entschiedene Hinwendung zur Individualität stets mit einer Rückwendung zur Typenbetrachtung verbunden zu sein pflegt, so daß Individualität und Typus hier in einer untrennbaren Wechselbeziehung zueinander stehen[132]).

---

[130]) § 2 MSchG: Kündigungsrecht des Vermieters bei „erheblicher Belästigung" des Vermieters, „unangemessenem Gebrauch des Mietraumes, erheblicher Gefährdung des Mietraumes oder Gebäudes".

[131]) Vgl. Würtenberger, Zur Beurteilung der Persönlichkeit des Rechtsbrechers, NJW 1952, 249.
Auf die nach Abschluß der vorliegenden Arbeit erschienene Abhandlung von Würtenberger über „Die geistige Situation der deutschen Strafrechtswissenschaft" (Freiburger Rechts- und Staatswissenschaftliche Abhandlungen, Band 7), kann hier nur allgemein verwiesen werden. Sie bringt in dem Abschnitt über die Individualisierung in der Kriminalpolitik (S. 87 ff.) eine eingehende Übersicht über das Problem sowie reiche Angaben zum Schrifttum, auf das im vorliegenden Zusammenhang nicht weiter eingegangen werden kann, weil dies über den Rahmen unserer Untersuchung hinausführen würde.

[132]) Im Schrifttum ist der Standpunkt vertreten worden, die generalisierende und die individualisierende Tendenz seien im Strafrecht streng voneinander zu trennen und in ihrer Auswirkung auf verschiedene Bereiche zu verteilen: die erstere müsse, um der Sicherung der Bürgerfreiheit willen, in der strafrechtlichen Tatbestandsbildung und Tatbestandsanwendung – und zwar ausschließlich – herrschen, die letztere dürfe sich in der individualpräventiv ausgerichteten Kriminalpolitik – aber nur hier! – entfallen. So erklärt Drost, Das Problem einer Individualisierung im Strafrecht (1930), S. 22 (im wesentlichen übereinstimmend auch NJW 1955, 1257/8): die Tatbestände des Strafrechts seien ein „Reservatgebiet für eine starre Generalität des Rechts", in der kriminalpolitischen Behandlung des Rechtsbrechers dagegen komme es darauf an, daß der Strafrichter „in kriminalpsychologischer Diagnose und Prognose des vor ihm stehenden Menschen die für seine Erziehung zum sozialen Leben gebotene Maßnahme individualisierend festsetzt."
Ganz abgesehen davon, daß, wie unsere Hinweise gezeigt haben, eine radikale Generalisierung in der strafrechtlichen Tatbestandsbildung und -anwendung gar nicht durchführbar ist, kann sie gerade für die hier wiedergegebene Auffassung

Die Richtigkeit des Sprichwortes „Wenn Zwei dasselbe tun, ist es nicht dasselbe", erscheint als Ausgangspunkt für ein Täterstrafrecht unbezweifelbar: Die Tat ist das Werk der Persönlichkeit und als deren Äußerung aufzufassen; die gleiche Tat Mehrerer ist etwas Verschiedenes, wenn sie Ausdruck verschiedener Persönlichkeiten, Auswirkung verschiedener Persönlichkeitsmerkmale ist. Da aber die Persönlichkeit des Kriminellen, wie die jedes anderen Menschen, eine unendliche Individualität darstellt, so scheint die Aufgabe der Deutung der Tat aus der Persönlichkeit des Rechtsbrechers der Idee nach zu einer Individualisierung ins Unendliche zu führen. Praktisch ist jedoch die Arbeit der Kriminologie, die sich dieser Deutung widmet, durchaus in die entgegengesetzte Richtung gelenkt worden. Zwar bietet sich für sie in der Durchforschung der Rechtsbrecherpersönlichkeit eine unübersehbare Mannigfaltigkeit im Einzelnen, andererseits aber doch auch für eine auf Übersicht und Ordnung des Erfahrungsmaterials angelegte Betrachtung der starke Eindruck des übereinstimmend Wiederkehrenden, also des Typischen in den Persönlichkeitsmerkmalen der Rechtsbrecher. Da diese für die Deutung des Rechtsbruches in seiner Genesis von wesentlichem Einfluß sind, besteht eine der Hauptaufgaben der Kriminologie in der Typologie der Rechtsbrecher, und sie ist in der Tat in dieser Bedeutung erfaßt und in Angriff genommen worden[133]. Sicherlich ist es, wenn man den Blick ausschließlich auf das einzelne Verbrechen und seinen Täter richtet, jeweils eine ganze Fülle von Persönlichkeitsmomenten, die als mitwirkende Verbrechensursachen in Betracht zu ziehen sind. Aber bei der vergleichenden Überschau über ein genügend ausgedehntes Erfahrungsmaterial ergeben sich doch viele der Typisierung zugängliche Persönlichkeitsmerkmale, die in besonderer Weise Relevanz für die Deutung des Rechtsbruchs besitzen. Allerdings muß hier, wie überall, eine zu grobe Schematisierung und Klassifizierung, insbesondere eine bloß eindimensionale, nur nach *einer* Merkmalsrichtung hin orientierte Typenbildung vermieden, vielmehr darauf Bedacht genommen werden, daß sich die Typisierung nach den verschiedenen, für die Gesamtbeurteilung wesentlichen Richtungen, also mehrdimensional, ent-

---

im Gesamtzusammenhang der Wirksamkeit des Strafrechts auch nicht sinnvoll werden. Denn welchen Sinn sollte die starre tatbestandliche Abschichtung des kriminellen Verhaltens haben, wenn es für die Verhängung und Durchführung der strafrechtlichen Maßnahmen im Endziel wesentlich nicht darauf, sondern auf die Täterpersönlichkeit ankommen soll? In Wahrheit ist nicht die Aufspaltung und Aufteilung der beiden Regelungstendenzen die gegebene Lösung, sondern ihr beiderseitiges durchgängiges Wirksamwerden in sämtlichen Bereichen des Strafrechts, die in den Grundgedanken und Grundtendenzen nicht gegeneinander gerichtet sein dürfen, sondern aufeinander abgestimmt sein müssen. Die Folgerung ist also: maßvolle Individualisierung im Straftrecht wie in der Kriminalpolitik, hier allerdings in besonderem Maße, überall aber unter Beachtung der sachgebotenen generalisierenden Gegenerwägungen. Ähnlich v. *Overbeck*, Grenzen der Individualisierung im Strafrecht (Rektoratsrede 1928), S. 23 („Beibehaltung und Verfeinerung der strafrechtlichen Individualisierung und zugleich Aufnahme und Ausbau der kriminalpolitischen").

[133]) Vgl. dazu *Seelig*, Lehrbuch der Kriminologie (2. Aufl.), S. 41 ff.; *Seelig-Weindler*, Die Typen der Kriminellen (1949); *Mezger*, Das Typenproblem in Kriminologie und Strafrecht, 1955 (mit zahlreichen Literaturangaben).

wickelt. Auf diese Weise ergeben sich dann mehrere Typenreihen, charakterologische, psychologische, soziologische Typen, im Hinblick auf pathologische Kriminelle auch psychiatrische Typenbilder[134]). Diese verschiedenen Typenreihen stehen nicht unvermittelt nebeneinander, sondern erweisen sich nach den praktischen Erfahrungen als in vielfachen Kombinationen miteinander stehend; neben den kriminologischen Haupttypen[135]) treten „Mischtypen" auf, so daß sich, wenn alle Merkmalsrichtungen in Betracht gezogen werden, eine reichgegliederte Typenübersicht ergibt. Wenn auch die kriminologische Typenlehre noch verhältnismäßig jung und noch stark in der Entwicklung begriffen ist, so darf doch immerhin festgestellt werden, daß sie dem Richter zum mindesten wertvolle Ansatzpunkte für die Beurteilung der Rechtsbrecherpersönlichkeit bietet; auch hat die Behauptung einige Wahrscheinlichkeit für sich, daß – nach durchgeführten kriminologischen Beobachtungen[136]) – nur ein ganz geringer Prozentsatz der kriminellen Persönlichkeiten sich der typologischen Betrachtung überhaupt entzieht und als schlechthin atypisch bezeichnet werden muß. Dann aber ist die in genügender Erfahrungsbreite durchgeführte Typenordnung in der Tat eine tragfähige Basis, und in der großen Mehrzahl der Fälle erweist sich die richtige Eingruppierung des Rechtsbrechers in diese Typenordnung als eine geeignete Ausgangsposition für die Täterbeurteilung. Ob und inwieweit darüber hinaus noch besondere oder gar einzigartige Merkmale für die Bestimmung des kriminologischen Täterbildes herangezogen werden, hängt von vielen Bedingungen, insbesondere den – stets begrenzten – Ermittlungsmöglichkeiten im Prozeß, ja von mancherlei reinen Zufälligkeiten ab. Daß letztlich die Erfassung der Gesamtpersönlichkeit des Rechtsbrechers durch den Richter auf Intuition beruht, ist ebenso sicher wie die Tatsache, daß dieser Beurteilungsakt sich letztlich der wissenschaftlichen Durchdringung und der rechtlichen Regelung entzieht.

„Wenn Zwei dasselbe getan haben, sind sie deswegen doch verschieden zu behandeln", so müßte die strenge kriminalpolitische Folgerung aus dem Sprichwort unter dem Aspekt des Täterstrafrechts lauten. Aber auch in der kriminalpolitischen Sicht der Auswahl der angemessenen Behandlungsmittel setzen sich der Individualisierungstendenz unausweichliche Notwendig-

---

[134]) Schneider, Die psychopathischen Persönlichkeiten (9. Aufl.) 1950, unterscheidet folgende psychiatrischen Typen: 1. die hyperthymischen Psychopathen, 2. die depressiven, 3. die selbstunsicheren, 4. die fanatischen (politische Delikte), 5. die geltungsbedürftigen (Hochstapler, Schwindler), 6. die stimmungslabilen, 7. die explosiblen (Affektverbrecher), 8. die gemütlosen, 9. die willen- und haltlosen, 10. die asthenischen Psychopathen.

[135]) Als solche stellt Seelig, Lehrbuch S. 44 ff., folgende heraus: 1. arbeitsscheue Berufsverbrecher, 2. Vermögensverbrecher aus geringer Widerstandskraft, 3. Verbrecher aus Angriffssucht, 4. Verbrecher aus sexueller Unbeherrschtheit, 5. Krisenverbrecher (die aus einer Lebenskrise nur einen kriminellen Ausweg finden), 6. primitiv-reaktive Verbrecher (bei denen sich der zur Tat führende Erlebnisablauf als Primitivreaktion darstellt), 7. Überzeugungsverbrecher, 8. Verbrecher aus Mangel an Gemeinschaftsdisziplin.

[136]) Vgl. Seelig, Lehrbuch der Kriminologie, S. 45, Anm. 12.

keiten der Typisierung entgegen. Ganz abgesehen davon, daß bereits durch die kriminologische Tätertypenbetrachtung die Weichen für eine typisierende Behandlung der Rechtsbrecher im Ausspruch und Vollzug der strafrechtlichen Maßnahmen gestellt sind, ist zugleich unter anderen Gesichtspunkten die generalisierende Linie fortzusetzen. Dies gilt zunächst schon für die Art der zur Verfügung zu stellenden Maßnahmen. Niemand hat im Verlaufe der unter dem Schlagwort der „Täterbehandlung" stehenden Reformbewegung je daran gedacht, die der Täterpersönlichkeit anzupassenden Maßnahmen ganz der individualisierenden Bestimmung des Richters zu überlassen. Hier sind nun einmal aus zwingenden Gegebenheiten die festen Geleise mit der gesetzlichen Aufstellung der in Betracht kommenden Strafarten und der sie ergänzenden bzw. ersetzenden Sicherungs- und Besserungsmaßregeln gelegt. Allerdings steht die Möglichkeit einer weiteren gesetzlichen Differenzierung dieser Behandlungsarten durchaus offen; auch kann der Gesetzgeber dem Richter die Vollmacht zur feineren Differenzierung innerhalb der zugelassenen Behandlungsmittel erteilen, wie es in besonderem Maße für den Strafausspruch unter Strafaussetzung mit Bewährungsauflagen (§§ 23 ff. StGB) geschehen ist. Hier hat der Gesetzgeber ein kriminalpolitisches Reaktionsmittel geschaffen, das in der Tat sowohl im „Ob" als im „Wie" der Anordnung eine durch und durch individualisierende Beurteilung des Richters erfordert. Zulässig ist diese Maßnahme, „wenn die Persönlichkeit des Verurteilten und sein Vorleben in Verbindung mit seinem Verhalten nach der Tat oder einer günstigen Veränderung seiner Lebensumstände erwarten lassen, daß er unter der Einwirkung der Aussetzung in Zukunft ein gesetzmäßiges und geordnetes Leben führen wird" (§ 23 II StGB). Ergibt sich in dieser Hinsicht eine günstige Täterprognose, so ist damit die weitere Prognose zu verbinden, ob eine Resozialisierung des Täters ohne oder nur mit Bewährungsauflagen zu erwarten ist; im letzteren Fall sind dem Täter Auflagen zu machen, für deren Wahl der Gesetzgeber dem Richter gewisse, typischerweise vorkommende Beispiele angibt[137]), ihn aber durch den Verzicht auf erschöpfende Aufzählung dazu ermächtigt, die zu wählende Auflage ganz den Resozialisierungsmöglichkeiten und -bedürfnissen des Einzelfalles anzupassen. Nach Art und Ausmaß ist für die Bewährungsauflage das Regulativ der Zumutbarkeit zu beachten, d. h. die Auflage darf keinen unzumutbaren, in die Lebensführung des Betroffenen übermäßig einschneidenden Eingriff enthalten[138]).

Damit sind wir an der äußersten Grenze der dem Richter überlassenen Bestimmung der kriminalpolitischen Reaktion ihrer Art nach angelangt. Als

---

[137]) § 24 II StGB nennt: Wiedergutmachung des angerichteten Schadens, Befolgung von Weisungen, die sich auf Aufenthaltsort, Arbeit oder Freizeit beziehen, Unterstellung unter ärztliche Behandlung, Erfüllung von Unterhaltspflichten, Zahlung eines Geldbetrages zugunsten einer gemeinnützigen Einrichtung, Unterstellung unter die Aufsicht und Leitung eines Bewährungshelfers.

[138]) Vgl. dazu BGH, NJW 1956, 1447 = MDR 1956, 624 = JR 1956, 382 = JZ 1957, 63 m. Anm. v. Peters.

eigentliche Domäne seines individualisierenden Vorgehens gilt aber die quantitative Bestimmung des Behandlungsmittels in der Strafzumessung. Doch muß gerade in dieser Hinsicht einer einseitigen Betrachtung entgegengewirkt werden, die es ausschließlich auf die nur individuell beurteilbaren Faktoren abstellt. Zwar sind diese höchst bedeutsam und mannigfaltig, etwa als Tatmotiv und Tatzweck, Willenseinstellung des Täters, Persönlichkeitsbedingtheit der Tat, die grundsätzliche Einstellung des Täters zur Rechts- und Sozialordnung, Strafempfänglichkeit; aber ihnen allen muß doch in einem abgewogenen Strafzumessungsakt das Gleichgewicht durch die generell zu beachtenden Zumessungsfaktoren gehalten werden, unter denen die allgemeine Bedeutung der durch den Täter verletzten Norm sowie Wert und Schutzbedürftigkeit des durch die Tat beeinträchtigten Rechtsgutes besonders zu nennen sind. Im Grunde besehen stellt das Nebeneinander und teilweise auch Gegeneinander der Zumessungserwägungen nichts anderes dar als einen speziellen Niederschlag der allgemeinen Antinomien der Rechtsidee: Die erstrebte Individualprävention der Strafbehandlung ist Ausfluß der individualisierenden Zweckmäßigkeit, die gewünschte Täterschuldangemessenheit der Strafe Ausdruck des Strebens nach individualisierender Gerechtigkeit. Neben beiden aber muß die generalisierende Gerechtigkeitstendenz beachtet werden, die als Tatvergeltung eine der generell bemeßbaren Tatschwere angepaßte, für eine Mehrzahl vergleichbarer Tatbegehungen annähernd gleiche Strafreaktion erfordert. Auch hier sind also in einem höchst komplizierten Spannungsfeld die Gewichte der verschiedenen Rechtstendenzen ausgleichend zu verteilen, in Wahrheit: „Aufgabe und Kunst im Einzelfall"![139]). Dabei sind überdies noch „Materialbedingtheiten" zu beachten, die eine Gewichtsverschiebung in der Zueinanderordnung der kriminalpolitischen Erwägungen für spezielle Strafrechtsmaterien veranlassen können. So läßt sich allgemein und grundsätzlich sagen, daß im Jugendstrafrecht bei der Bestimmung des angemessenen Behandlungsmittels und seiner quantitativen Begrenzung der Gedanke der Tatvergeltung gegenüber der Individualprävention (Erziehung) stark zurücktritt. Die individualisierende Behandlung ist deshalb hier, überdies auf der Grundlage einer viel differenzierteren Gliederung der gesetzlich vorgesehenen Maßnahmen, erheblich weiter vorgetrieben als im Erwachsenenstrafrecht, wofür etwa stichwortartig auf die im Jugendstrafrecht durchgedrungene Zulassung des unbestimmten Strafurteils hinzuweisen wäre.

Als eine von der Reformbewegung besonders in Anspruch genommene Domäne der Individualisierung sei schließlich noch der Strafvollzug erwähnt. Auf keinem anderen Gebiet dürfte die Gefahr gleich groß sein, daß

---

[139]) Mezger, Kurzlehrbuch, I (6. Aufl.), S. 280.
Gerade die Vielfalt der für den Einzelfall in Betracht kommenden Strafzumessungserwägungen drängt dazu, dem Richter gewisse Richtlinien zu geben und auf der Grundlage wissenschaftlicher Durchdringung Strafzumessungsregeln im Gesetz herauszuarbeiten. Vgl. zu dem ganzen Problem: Heinitz, ZStW., 63, 57 ff.; Spendel, Zur Lehre vom Strafmaß, 1954; Dreher, ZStW 66, 568 ff.

sich aus der Enttäuschung übertriebener Erwartungen der Rückschlag in das harte Urteil ergeben kann, man habe sich einer Utopie verschrieben. Der Idee nach müßte der Gedanke der Täterbehandlung beim Vollzug von Freiheitsstrafen im Anschluß an eine umfassende Persönlichkeitserforschung derart verwirklicht werden, daß für jeden Gefangenen das für die Resozialisierung angemessene therapeutische Milieu geschaffen und ein für den Verlauf des Vollzugs individuell ausgearbeiteter Resozialisierungsplan aufgestellt wird. Allein es liegt auf der Hand, daß dies praktisch undurchführbar ist. Eine derart auf die Spitze getriebene Individualisierung müßte daran scheitern, daß im Vollzug eine Vielzahl von Menschen gerecht und unparteiisch, d. h. notwendigerweise relativ gleichmäßig, zu behandeln sind, daß die erforderliche Zahl von Fachkräften zur Durchführung einer rein individualisierenden Behandlung nicht zur Verfügung gestellt werden kann, überhaupt menschliches Leistungsvermögen durch einen solchen Plan weit überschritten wird, und nicht zuletzt jede Einrichtung und Ordnung von Strafanstalten durch ein Chaos individueller Behandlungsverfahren völlig unmöglich gemacht würde. Aus dem Dilemma zwischen den Extremen einer rein schematischen Gleichbehandlung der Gefangenen einerseits und einer anarchisch wirkenden Individualisierung andererseits kann daher nur der Ausweg einer maßvollen Mittellösung herausführen, die auf eine Differenzierung durch Bildung von Gruppen und Stufen in der Durchführung des Strafvollzuges hinausläuft[140]). Allein der Gedanke, daß die Resozialisierungsbemühungen nach Möglichkeit auf den Gefangenen in seiner Individualität ausgerichtet sein sollen, kann doch wenigstens als tragende Idee wirken und im freien, rechtlich nicht mehr reglementierbaren Spielraum des Geschehens, in der Begegnung von Mensch zu Mensch, einerseits aus den den amtlichen Bereich überstrahlenden persönlichen Einflüssen des Strafvollzugsbeamten, andererseits aus der persönlichen Aufgeschlossenheit und Beeinflußbarkeit des Gefangenen, fruchtbar werden[141]).

---

[140]) Im Hinblick auf die rechtliche Ordnung des Strafvollzugs trifft daher die Bemerkung zu, die Klassifizierung der Gefangenen sei nicht nur Durchgangspunkt, sondern Grenze der Individualisierung bzw. eine vergröberte Individualisierung (so Engisch, Konkretisierung, S. 218, Anm. 116, im Anschluß an Wilmans, Die sog. vermindert Zurechnungsfähigen (1927), S. 170). Vgl. auch Kriegsmann, Einführung in die Gefängniskunde (1912), S. 99 ff., 196; Mittermaier, Gefängniskunde (1954), S. 48 ff., Petrzilka, Persönlichkeitsforschung und Differenzierung im Strafvollzug, 1930, S. 28.

[141]) Wenigstens anmerkungsweise mag schließlich noch darauf hingewiesen werden, daß generalisierende und individualisierende Regelungstendenzen, die vielfach im harten Widerstreit zueinander stehen, manchmal einander auch ganz reibungslos ergänzen. Ein Beispiel dafür bietet die Strafregisterregelung, der eine erhebliche kriminalpolitische Bedeutung insofern zukommt, als sie den Strafrechtspflegebehörden eine zuverlässige Unterlage über das kriminelle Vorleben des Rechtsbrechers und insbesondere die Mitberücksichtigung von Vortaten bei der Aburteilung einer späteren Tat desselben Rechtsbrechers ermöglicht. Da die Bedeutung eines Rechtsbruches mit dem Zeitablauf geringer wird, rechtfertigt es sich, die den Verurteilten belastende Wirkung des Strafregistereintrages stufenweise abzubauen, zunächst durch Auskunftsbeschränkung, dann durch Tilgung des Strafregistervermerkes. Dabei kann generalisierend verfahren werden, indem die Abbauwirkung automatisch mit dem Ablauf gewisser Zeit-

Unsere Betrachtungen, die das Ziel hatten, die Materialbedingtheit und die Grenzen des Individualisierens anhand von andeutenden Hinweisen darzulegen, mögen damit abgeschlossen sein. Ihr Ziel dürfte erreicht sein, wenn es gelungen wäre, anschaulich zu machen, daß die Gefahr eines Abgleitens in eine schrankenlose Individualisierung nicht besteht, wenn und solange das Bewußtsein wach ist, daß wir auf jene vielfältigen Gegebenheiten der Regelungsgegenstände zu achten haben, aus denen sich von selbst eine die Individualisierungstendenz hemmende Kraft ergibt, so daß im Gesamtbild unser Rechtswesen durch die Entsprechung gegenläufiger, einander widersprechender, aber auch ergänzender Regelungsweisen sozusagen in der Schwebe gehalten und dadurch vor den Gefahren der Einseitigkeit, sowohl der der Erstarrung in übertriebener Generalisierung wie auch derjenigen des Zerfließens in überspannter Individualisierung, bewahrt wird. Daß die letztere Tendenz in unserer Zeit an Raum und Gewicht gewonnen hat, kann wohl darauf zurückgeführt werden, daß sie das vorher herrschende Übergewicht der ersteren zu überwinden bestimmt ist. Aber selbst wenn dieser Wandel nicht zu begrüßen wäre[142]), so müßte er doch

---

räume eintritt. Ergänzend tritt aber die Möglichkeit hinzu, diese Wirkung vorzeitig, nämlich im Hinblick auf Besonderheiten des Einzelfalles, insbesondere zur Beseitigung von Härten der generellen Regelung, durch Einzelanordnung der Verwaltungsbehörde herbeizuführen (§ 8 I Straftilgungsgesetz). Das Jugendstrafrecht sieht ferner, seiner besonders ausgeprägten Tendenz zur Individualisierung entsprechend, die Möglichkeit der Beseitigung des Strafmakels durch Richterspruch vor (97 ff. JGG), eine Maßnahme, die die individuell zu prüfende Würdigkeit des Verurteilten voraussetzt und die bei späterem Hervortreten einer Täuschung darüber oder bei späterem Wegfall der Voraussetzungen dafür wieder rückgängig gemacht werden kann.

[142]) Angesichts der in dem Problem enthaltenen Zwiespältigkeit sind auch die Stellungnahmen dazu vielfach zwiespältig und manchmal scheinbar widerspruchsvoll. So finden wir bei Hedemann, der die individualisierende Regelung durch Generalklauseln bekämpft hat, an anderer Stelle (Einführung in die Rechtswissenschaft, 1927, S. 525) eine durchaus positive Äußerung zur Individualisirungstendenz: der Jurist habe alles daran zu setzen, „daß jedem Fall seine Eigenart gewahrt werde . . ., er soll dem Fall ‚sein‘ Recht geben". – Coing, Grundzüge der Rechtsphilosophie (1950), erklärt einerseits (S. 17), die Rechtsordnung interessiere sich nicht für Individualitäten, sondern nur für das Typische, bezeichnet es dann aber (S. 30) als Auswirkung eines sittlichen Motivs, wenn in der Rechtsentwicklung der Kulturvölker sich der Wunsch nach sachgerechter Entscheidung des Einzelfalles gegenüber dem starren Normenrecht durchsetzt (z. B. im römischen Recht in der bona-fides-Lehre, im Dolus-Verbot). Ferner heißt es (S. 30): „Wenn man der Entwicklung des modernen Zivilrechts in einem beliebigen Kulturlande in Einzelfragen nachgeht, was findet man anderes als den immer erneuten Versuch, für immer neue und immer etwas anders gelagerte Fälle eine billige Entscheidung zu finden?" – Engisch, Konkretisierung, S. 217, meint, das Verlangen nach Individualisierung liege dem modernen Menschen in Fleisch und Blut (ebenso S. 214); doch erklärt er andererseits (193): „Die ehemalige Beglückung angesichts dieser Möglichkeiten schöpferisch-konkretisierender Rechtsgestaltung ist inzwischen einer gewissen Sehnsucht nach fester Bindung gewichen. Wir haben die klare Norm wieder schätzen gelernt. Die einst so sehr propagierte Schwerpunktverlagerung vom Gesetzgeber zum Richter, die Erhöhung des Richters zum Gesetzgeber des Einzelfalles erscheint uns im Interesse einer klaren Gewaltenteilung, im Interesse weiter der ‚Gleichheit‘. der ‚Ordnung‘ und er ‚Willkürabwendung‘ nicht schon an sich selbst erwünscht." – Die scheinbaren Widersprüche in diesen Äußerungen ergeben sich daraus, daß im Zusammenhang der Darstellung die Schwerpunkte der Betrachtung bald hierhin, bald dorthin gerückt werden.

als schicksalhaft hingenommen werden, weil er sich aus der geistigen Strömung unserer Zeit ergibt. Was sich hier in unserem Recht vollzogen hat und vollzieht, ist letztlich nichts anderes als die Auswirkung einer umfassenden Bewegung, die die Geistes- und Seelenkräfte des Menschen in neue Bahnen gelenkt hat. Die Tatsache, daß sich in unserem Rechtsdenken die voluntativen Elemente und die wertende Betrachtung neben der früher überwiegenden logisch-systematischen Denkart nachdrücklich geltend machen, bedeutet nichts anderes als die fachlich-spezifische Ausprägung eines allgemeinen geistigen Entwicklungsphänomens, das in den neueren Richtungen der Philosophie deutlich in Erscheinung tritt. Auch hier beobachten wir ein Zurücktreten des Logisch-Systematischen und eine stärkere Hinwendung zum Konkret-Anschaulichen, erkennbar in den Bemühungen der Ontologie um die Erforschung der Seinserscheinungen, in den Ergebnissen der Phänomenologie bei der Erforschung der Bewußtseinsinhalte des Menschen, in den anthropologischen Untersuchungen, aber auch in den Bemühungen der Wertphilosophie um das Verständnis für die Ordnungen und die feineren Differenzierungen der uns umschließenden Wertwelt. Außerhalb der Philosophie haben Soziologie und Psychologie unsere Einsichten in die Welt des Tatsächlichen vertieft, so daß es viele Entwicklungslinien sind, die in ihrer Gesamtheit auf e i n e s hinauslaufen, das Erfassen der Erscheinungen dieser Welt in ihrer Vielfalt und Eigenart. Daß dabei die Individualisierung als die letzte Steigerung in einem Prozeß differenzierender Betrachtung besonderes Gewicht erhält, ist ganz natürlich, ebenso verständlich aber auch, daß der Jurist, vom Strom dieser Bewegung getragen, der Individualität des zu regelnden Rechtsfalles erhöhte Aufmerksamkeit schenkt und größeren Einfluß auf seine Beurteilung einräumt, als dies vordem der Fall war. Er darf sicher sein, damit nicht einer vorübergehenden Modeströmung zu verfallen, sondern, soweit er die angemessenen Grenzen einhält, nur einer Mahnung zu entsprechen, die uns in einem alten Juristenspruch hinterlassen ist: bene judicat qui bene distinguit.

FSC
www.fsc.org
MIX
Papier | Fördert gute Waldnutzung
FSC® C083411

Kolibri 360 GmbH
Ferdinand-Jühlke-Straße 7
99095 Erfurt, Deutschland
produktsicherheit@kolibri360.de